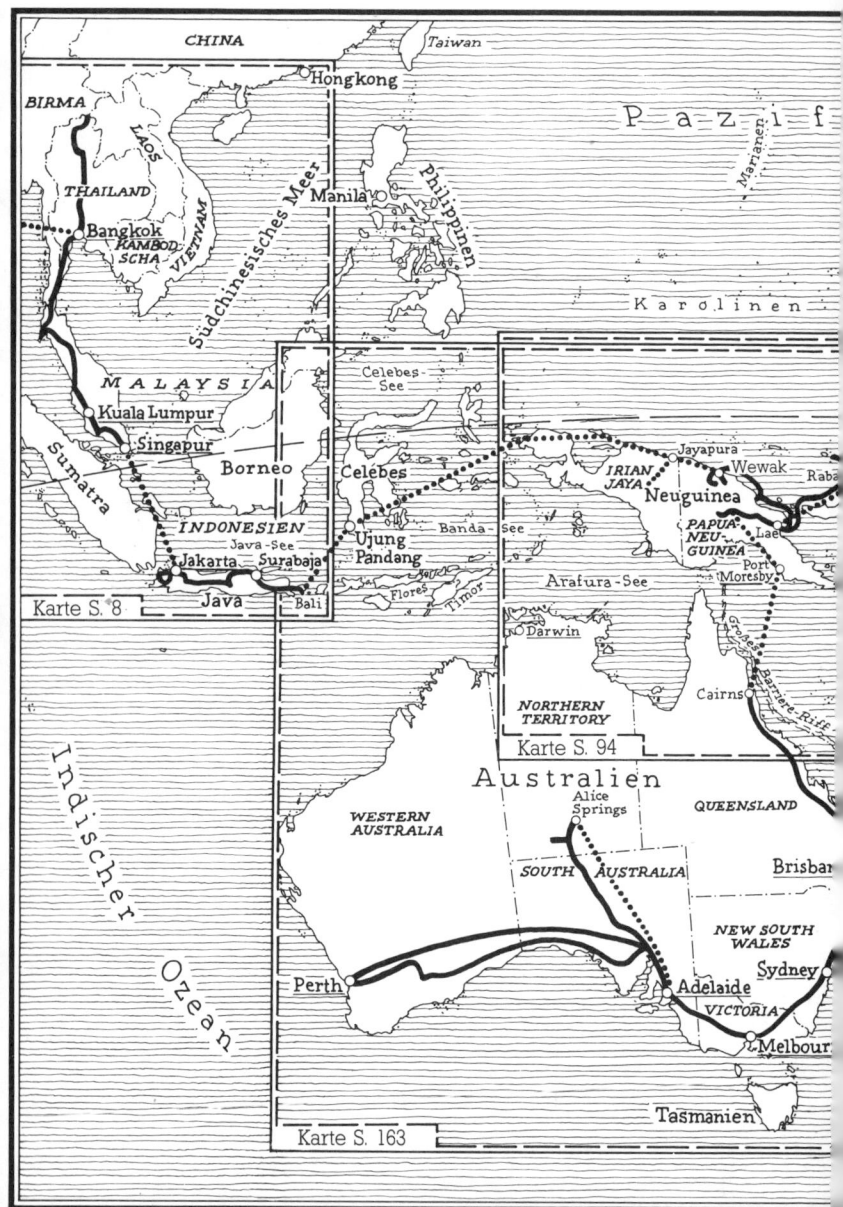

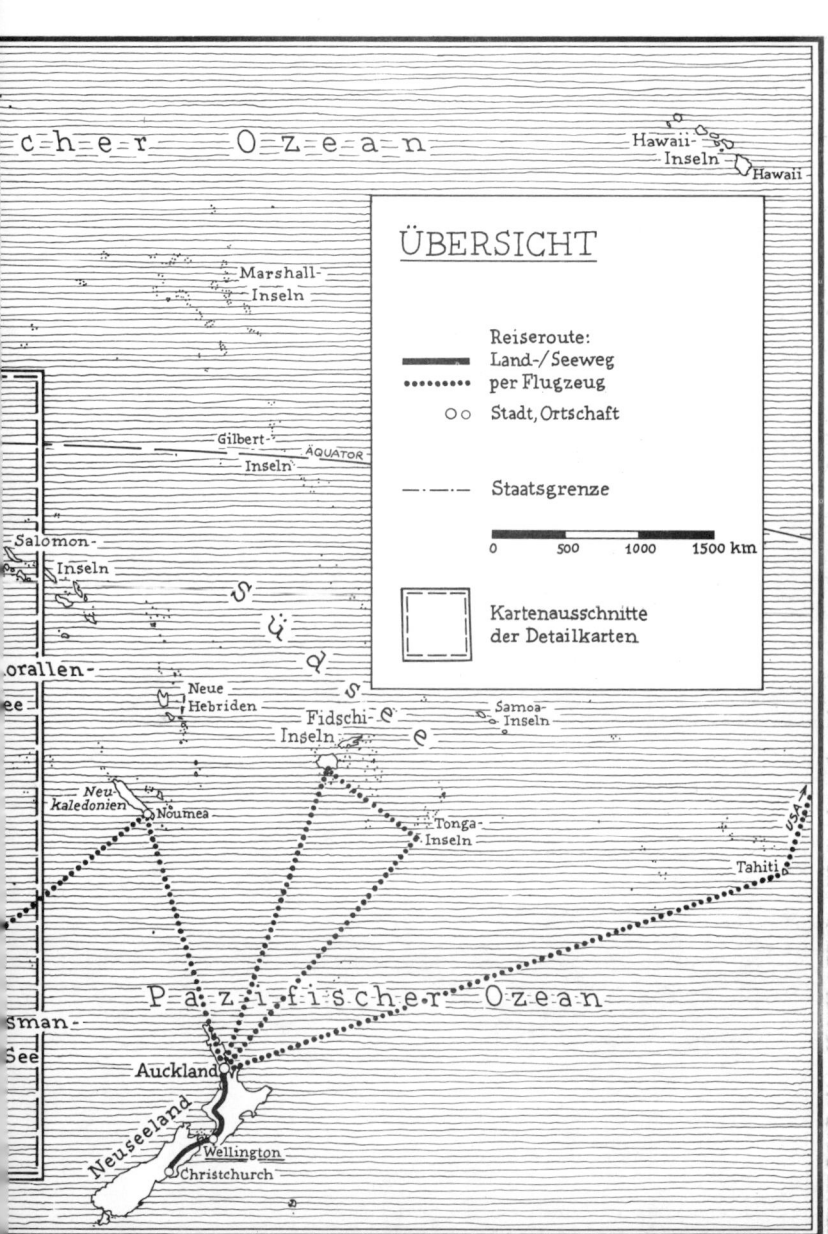

c h e r   O z e a n

Hawaii-
Inseln
Hawaii

Marshall-
Inseln

ÜBERSICHT

Reiseroute:
Land-/Seeweg
per Flugzeug
○○ Stadt, Ortschaft

Gilbert-
Inseln
ÄQUATOR

—·—·— Staatsgrenze

Salomon-
Inseln

0   500   1000   1500 km

orallen-
ee

Kartenausschnitte
der Detailkarten

Neue
Hebriden
Fidschi-
Inseln
Samoa-
Inseln

Neu
kaledonien
Noumea
Tonga-
Inseln

Tahiti

P a z i f i s c h e r   O z e a n

sman-
See

Auckland

Neuseeland
Wellington
Christchurch

HELMUT HERMANN

Von Thailand nach Tahiti

Ein Globetrotter auf dem Weg zur Südsee

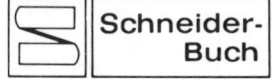

Inhalt

Titelfoto: Helmut Hermann
Karten: Gert Köhler
Fotos: Helmut Hermann, Fromm (Seite 153)
Lektorat: Angela Djuren
Umschlaggestaltung: Ebba Feistkorn
Bestellnummer: 7324
© 1982 Franz Schneider Verlag GmbH & Co. KG
München – Wien – Hollywood/Florida, USA
ISBN 3 505 07324 5
Alle Rechte der weiteren Verwertung liegen beim
Verlag, der sie gern vermittelt.

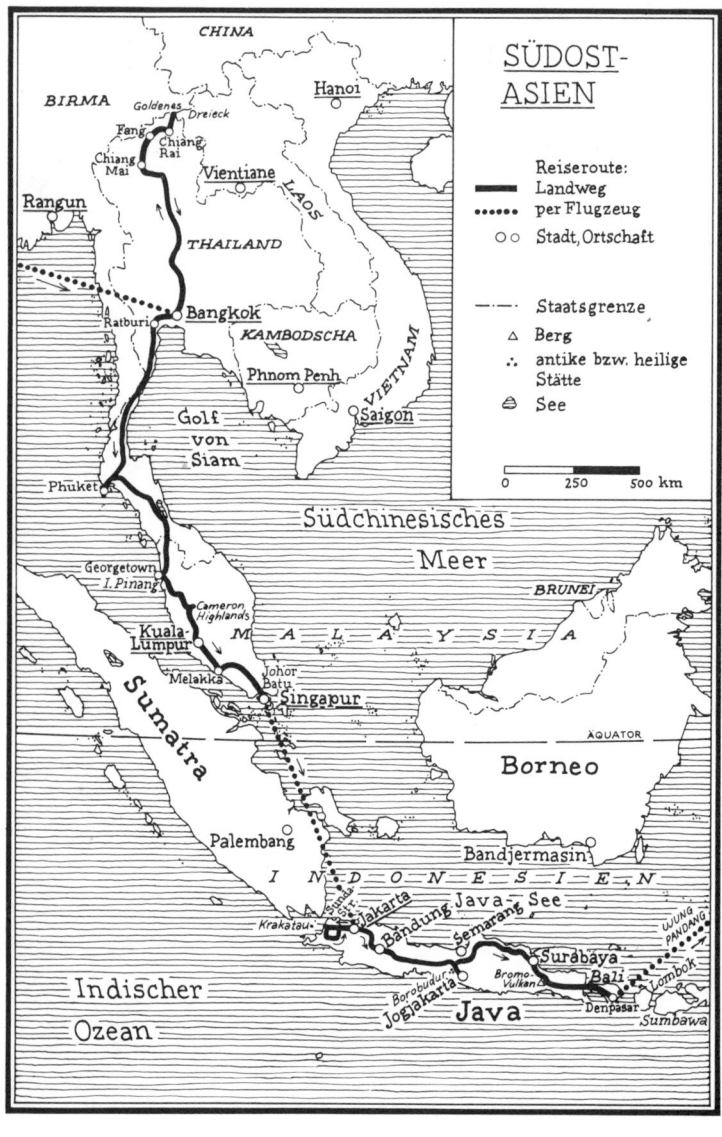

Begegnung mit den Black Lahu

Pfeifend saust das Buschmesser durch die Luft, Äste und Blätter fallen herab. Saiwan, ein Shan-Mann meines Alters, verbreitert vor mir den engen Pfad durch den Busch. Es war ein glücklicher Umstand, daß ich diesen Burschen im letzten Dorf fand, denn er kennt sich hier im Grenzgebiet zwischen Thailand und Burma nicht nur gut aus, sondern spricht neben Englisch auch noch die verschiedenen Dialekte der Bergstämme in dieser Gegend. Wir sind unterwegs zu den *Black Lahu.*

Leicht wird es uns beiden nicht gemacht. Längst hat uns der Dauerregen durchweicht, der Schweiß unserer Marschanstrengung tut ein übriges dazu. Wie Blei legt sich die schwüle Luft auf die Lungen, das Atmen fällt schwer. Roter Lehmbrei quillt von oben in die Schuhe, die nach den vielen Flußdurchquerungen vollends aus dem Leim zu gehen drohen.

„Nur das Nötigste mitnehmen", empfahl Saiwan, als wir heute morgen in seinem Haus die Rucksäcke schulterten. Das Nötigste heißt hier: feste Kleidung, Wasserflasche, Taschenlampe, Schlafsack, ein paar Medikamente, die Foto-Ausrüstung und das Mini-Tonbandgerät, Reis und Fleischbüchsen als Verpflegung sowie ein paar Entkeimungstabletten für schmutziges Flußwasser. Dabei ist auch eine Flasche Reisschnaps. „Dann wird sich der Medizinmann der *Black Lahu* nicht so zugeknöpft geben", war Saiwans Antwort auf meine Frage. Beim Abmarsch schnallte er sich noch die Machete an den Gürtel, und das Gewehr kam auf die Schulter.

„Auch das ist vielleicht nötig, man kann nie wissen", grinste er hintergründig. „Banditen und wilde Tiere gibt's in dieser Gegend schon einige."

Unser Marsch zu diesem Bergstamm ist also nicht ganz ungefährlich. Am Nachmittag liegen zwei Drittel des Wegs und die größten Anstrengungen hinter uns. Durch Bambusgestrüpp arbeiten wir uns an einem glitschigen Hang hoch. Da – hinter dem Waldstück kräuseln sich Rauchfahnen! Endlich, das Dorf der *Lahu!* Die Müdigkeit ist wie weggescheucht. Nur noch zwei Hänge und durch den Bach da unten, dann hat die Schinderei ein Ende. Der Bach scheint das Dorf mit Wasser zu versorgen, denn einige Frauen füllen starke Bambusrohre auf. Bei unserem

Saiwan schlägt uns einen Weg durch den Busch

Anblick stieben sie scheu auseinander, doch Saiwan kann sie wieder beruhigen. Andere Frauen schleppen in Tragkörben dickes, rotbraunes Feuerholz den Hang hoch. Wir mit weniger Gepäck haben auf dem glitschigen Lehmboden mehr Schwierigkeiten als sie.

Die Hütten: alle stehen auf Pfosten, die Wände sind aus geflochtenem Bambusmaterial, die Giebeldächer mit breitblättrigem Gras bedeckt. Unter den Bauten grunzen Schweine, Rinder fressen an Büschen, und zerzauste Hunde kläffen uns nach, als wir uns durch den Dreck einen Weg suchen. Kinder huschen hinter Ecken, die Erwachsenen betrachten uns abwartend. Sie haben mongolische Gesichtszüge und eine braungelbe Haut. Eigenartig ist die Kleidung: schwarze Hosen und darüber lange Mäntel, mit weißen Borten abgesetzt und mit Silberknöpfen verziert. Manche haben sich noch einen Turban gewickelt.

Über einen schräggestellten Kerbbalken balancieren wir auf die Vorplattform einer der größten Hütten.

„The witch-doctor's hut", sagt Saiwan, „die Hütte des Medizinmannes. Zieh die Schuhe vor dem Eintreten aus."

Es ist fast vollkommen dunkel im Innern. Ich muß mich vortasten und gleichzeitig einen Hustenreiz unterdrücken, denn von einer Feuerstelle in der Mitte des Raumes steigt beißender Qualm auf. Erst als ich mich niederlasse, wird das Atmen leichter, und ich kann auch mehr erkennen. Auf dem Boden liegen ein paar Matten, von der rußglänzenden Decke hängen Kochutensilien, das ist schon die ganze „Einrichtung". Auf der Feuerstelle steht ein blubbernder Kessel, und dahinter hockt ein alter Mann – der „witch-doctor"!

Saiwan, der schon früher einmal hier war, übergibt dem Alten die Flasche mit dem Reisschnaps, die dieser als

Gastgeschenk gerne entgegennimmt. Ich wechsle derweil mein Hemd und die Socken und hänge sie zum Trocknen auf eine Astgabel. So sitzen wir eine Weile da, bis langsam ein Gespräch in Gang kommt. Ich bitte Saiwan, mir etwas über die *Black Lahu* zu erzählen.

„Die *Black Lahu* kamen einst – vor vielen tausend Jahren – von China und Tibet. Es gibt verschiedene Lahu-Stämme. Von den schwarzen Lahu leben nur noch etwa 2000 in rund einem Dutzend Dörfer. Sie sind Animisten, das heißt, sie glauben an die Kraft der Geister, die nach ihrer Vorstellung in allen Dingen wohnen. Bei den *Black Lahu* sind die weißen die schlechten Geister, die schwarzen die guten. Deshalb auch die schwarze Kleidung. Dort drüben in der Ecke siehst du das Geisterhäuschen, da bewahrt der Medizinmann heilige Zeremoniengegenstände auf: getrocknete Pflanzen, Büffelhörner, die Asche von toten Medizinmännern und vieles mehr. Wenn du nachher aufstehst, paß auf, daß du dem Häuschen nicht zu nahe kommst und daß du ihm nicht den Rücken zukehrst. Sonst müßte der Raum hier neu geweiht werden. Die *Black Lahu* wohnen auch deshalb so hoch in den Bergen, weil nach ihrem Glauben in den Tälern die schlechten Geister hausen und sie krank machen."

In einer Ecke entdecke ich eine Art Bambusflöte. Auf meine Bitte spielt der Medizinmann einige Töne auf dem Instrument, gibt es jedoch bald weiter an einen Jungen, der inzwischen neben ihm Platz genommen hat. Eine eigenartige, doch sehr schöne Melodie erklingt. Ich nehme sie mit dem Tonband auf, nachdem Saiwan zuvor in meinem Namen um Erlaubnis darum gebeten hat. Dann spiele ich das ganze Band ab. Zuerst herrscht nur stilles Staunen, dann beginnt ein aufgeregtes Stimmendurcheinander und

In der Hütte der Black Lahu

Lachen, als diese Menschen zum erstenmal ihre Stimmen
und ihre Musik aus dem kleinen Kasten vernehmen. Sie
bringen noch andere Instrumente, eine Bambusmundorgel
und eine Flöte, und bis tief in die Nacht wird Musik
gemacht, gesungen und erzählt. Ich fühle mich um ein paar
hundert Jahre zurückversetzt. Später, als das glimmende
Auge der Feuerstelle erlischt, sinken wir müde auf den
Boden. Die Nachtkälte kriecht durch die Ritzen, und ich
friere. Unter uns grunzen ab und zu die Schweine, vom
nahen Wald klingt der Schrei eines Nachttiers, der sich mit
dem Zirpen von Zikaden vermischt. Mit dieser Nachtmu-
sik döse ich ein – was für ein Tag!

Vierzehn Tage sind es erst her, daß ich in der thailändischen Hauptstadt Bangkok gelandet bin, aber es kommt mir vor wie eine kleine Ewigkeit. Thailand ist das erste Land meiner Reise, die mich durch die Länder Südostasiens nach Neuguinea, Australien, Neuseeland bis in die Südsee führen soll, eine bei den Globetrottern inzwischen beliebte „Rennstrecke". Ganz genau wußte ich das bei meinen häuslichen Überlegungen und Planungen allerdings noch nicht, aber, so sind meine Reiseerfahrungen, einmal unterwegs, würde sich das alles mehr oder weniger ergeben. Ich wußte zumindest sicher, daß Bangkok und Singapur die billigsten Plätze für Tickets in alle Welt sind, wo ich bestimmt ein in meine Pläne passendes Angebot finden würde.

Meine Ausrüstung ist das Produkt meiner bisherigen Reiseerfahrungen. Natürlich so wenig wie möglich, denn man muß ja das Zeug selbst auf dem Buckel schleppen. Ein leichter Baumwollschlafsack, wie man ihn in Jugendherbergen benützt, ist ideal für die Tropen. Wenn's dann mal kälter wird, wie im bergigen Norden von Thailand, zieht man sich eben wärmer an. Wegen des Schwitzens kommt für die Unterwäsche nur Baumwolle in Frage. Eine kurze und eine lange Jeanshose, ein Paar feste Schuhe und Sandalen, ein leichter Plastikponcho als Regenschutz und Unterlage, eine kleine Reiseapotheke, Toilettensachen, Schreibzeug und Reiseunterlagen. Universalmesser und sonstige Kleinigkeiten. Das wär's dann auch schon. Unterwegs kann man sich Hemden sowieso schöner und billiger als zu Hause dazukaufen. Dabei ist natürlich auch eine umfangreiche Fotoausrüstung. Für einen Normal-Reisenden wären vier Objektive, ein Motor, ein Zweitgehäuse,

Blitzlicht, Filter und jede Menge verschiedener Filme entschieden zuviel, ich als Profi muß aber mein Handwerkszeug dabeihaben. Alles in allem wiegt die Ausrüstung etwa 20 Kilogramm, davon die Fototasche etwa acht.

Im „Goldenen Dreieck"

Im äußersten Norden Thailands, wo die Ebenen dschungelüberwucherten Bergen Platz machen, wo in den Dörfern die Zivilisation aus Plastiksandalen und Blechbüchsen besteht, also in der Grenzregion zwischen Thailand, Burma und Laos, da liegt das berüchtigte „Goldene Dreieck". Das Gold dieser Dreiländerregion ist kein glänzendes Metall, sondern der Schlafmohn, aus dem Opium, der Rohstoff für Heroin, gewonnen wird, mit dem das verbrecherische Millionengeschäft gemacht wird. Im Tausch gegen Silber, das aus den Minen in Birma stammt, wechselt das Opium vom Anbauer zum Händler. Regelrechte Karawanen werden zusammengestellt, die nachts – im Schutz der Dunkelheit – das Rohopium einsammeln und zu versteckten Dschungellaboratorien bringen, wo es in Morphin umgewandelt wird. Zwischenhändler schmuggeln die Droge weiter zu den Umschlagplätzen Bangkok und Hongkong, wo schließlich das weiße Todespulver Heroin hergestellt wird. Schlafmohn wird schon seit Jahrhunderten in dieser Region angebaut. Während er früher dem Eigenverbrauch diente, bildet er jetzt die lukrativste Einnahmequelle, was mit der politischen Entwicklung dieser Region in den letzten 30 Jahren zusammenhängt, die ich zum besseren Verständnis hier kurz skizzieren möchte. Als in China 1949 der Bürgerkrieg mit dem Sieg Mao Tsetungs über die Kuomintang-Truppen Tschiang Kai-scheks zu Ende war, setzten sich die Nationalchinesen auf die Insel Formosa (Taiwan) ab. Tausende von Soldaten flüchteten aber auch aus der chinesischen Südprovinz Yünnan nach Oberbirma. Sie wollten sich auf die Rückeroberung Chinas vorbereiten, deren Aussichtslosigkeit sie aber bald einsehen mußten. Das Interesse dieser Leute verlagerte sich in der Folgezeit auf den Opiumanbau der Bergvölker im Norden von Birma, Thailand und auch Laos. Die Produktion stieg innerhalb kürzester Zeit ins Unermeßliche. Korruption, Geheimdienstinteressen und um Unabhängigkeit kämpfende Stammesführer sowie die riesigen Profitmargen waren der Schlüssel für den Monopolaufbau. Das „Goldene Dreieck" wurde zur Hauptdrehscheibe der internationalen Rauschgiftringe. Für ewig konnte das natürlich auf internationalen Protest hin nicht gutgehen. Birma verwies die Kuomintang-Soldaten außer Landes, die größtenteils nach Taiwan ausgeflogen wurden. Der Rest, der blieb – immerhin schätzt man die Zahl auf einige tausend –, forcierte im Verein mit den großen Dunkelmännern weiter das Geschäft. Zur Beherrschung ihrer Territorien und zum Geleitschutz für die Opiumkarawanen, die unkontrolliert über die Ländergrenzen wechseln, hat die Rauschgiftmafia halbmilitärische Einheiten aufgestellt, die mit modernsten Waffen ausgerüstet sind. Widersetzt sich zum Beispiel eine Dorfgemeinschaft der Bergstämme ihren Anordnungen und kommt mit den Lieferungen nicht mehr nach, wird oft das Vieh erschossen, oder die Felder werden verwüstet.

„Opium, Mister, you want to smoke number one?"

Dieses Angebot wird einem hier nicht heimlich zugeraunt, sondern offen und ohne Angst vor Strafe gemacht. Kein Wunder, denn die staatliche Autorität Thailands verliert sich auf dem Weg in die abgelegenen Dörfer im Dickicht der Natur und Korruption. Die großen Plakate, die in den Städten vor Gebrauch und Besitz der Droge warnen, sind bei den Bergstämmen genausowenig zu finden wie eine andere Art von behördlicher Präsenz.

Das wissen nicht nur die Opiumanbauer, das wissen auch eine Menge anderer Leute der internationalen Rucksackbrigade, die der Billigpreis einer *number-one*-Pfeife zu den Quellen ihrer Nebelträume lockt. Stimulierend mag auf sie auch die geheimnisvolle Bambushüttenatmosphäre eines primitiven *Lisu-*, *Akha-* oder *Meo*-Dorfes wirken. Mir allerdings genügt zur Bewußtseinserweiterung vollauf das täglich neu Erlebte und Gesehene.

Da mein Besuch bei den *Black Lahu* einen starken Eindruck auf mich gemacht hat, möchte ich unbedingt noch andere Stämme und Dörfer kennenlernen. Außerdem reizt es mich, bis zu einem dieser Kuomintang-Dörfer vorzudringen, von denen ich schon so viel gehört habe.

Nachdem Saiwan und ich in das Ausgangsdorf Fang zurückgekehrt sind, fahre ich anderntags mit einem Mini-Bus weiter zu dem kleinen Nest Thaton, das am Fluß Mae Kok liegt. Saiwan gab mir den Tip, und er wußte auch, daß von Thaton fast täglich ein kleines Boot flußabwärts schippert. Da könne ich dann für wenig Geld mitfahren, und der Bootseigner wisse schon, wo ich auszusteigen hätte. Jetzt sitze ich also am Heck und lasse die Landschaft vorüberziehen. Während über dem Fluß und im Tal der Nebel hängt, werden die Berghänge schon von der Sonne angestrahlt und die Schleier aufgesogen. Dann sieht man den Bambusdschungel und die brandgerodeten Felder der Bauern. Mais scheint das Hauptanbauprodukt zu sein.

„Da vorne ist Ben Mae", radebrecht der Bootsführer in Englisch zu mir, „da mußt du aussteigen."

Ich packe den Rucksack auf die Schulter und marschiere durch das kleine Dorf. Diesmal brauche ich keinen Führer, denn Saiwan ließ mich seine selbstgemalte Karte kopieren. Außerdem kann ich hier immer damit rechnen, Touristen zu begegnen.

Der anfänglich recht gute Weg mündet bald in einen Pfad. Er windet sich durch ein Tal, dann die Berge hoch, an steilen, schmierigen Abhängen entlang und immer wieder durch Reisfelder, in denen ich mich ein paarmal bös verfranse. Ganze zehn bis zwanzig Zentimeter breit sind die glitschigen Beckeneinfassungen, und man muß bei ihnen wie in einem Rätsel-Irrgarten die richtigen finden, um am anderen Feldrand aus dem kniehoch stehenden Reis wieder herauszufinden. Die zu Flüssen angeschwollenen Bäche muß ich entweder auf umgestürzten und rutschigen Baumstämmen überqueren oder mit aufgekrempelten Hosen durchwaten. Dann und wann sehe ich ein paar Hütten, da und dort suhlen sich Wasserbüffel im Schlamm.

Als mir einige Hunde entgegenkommen, weiß ich, daß das Dorf der *Lisu* nicht mehr weit sein kann. Es liegt an einem Berghang. Ich werde beim Eintreffen kaum beachtet und finde sofort das Gelesene bestätigt, daß die *Lisu* zu den am farbenprächtigsten geschmückten Bergvölkern von Nordthailand gehören. Die Frauen und Mädchen tragen lange blaue Kleider, der Hals- und Rückenausschnitt ist mit vielfarbenen Bogenstickereien verziert. Die kurzen, weiten Ärmel sind rot und ebenfalls mit Stickornamenten versehen, kleine bunte Wollzotteln sind ins Haar geflochten. Der Silberschmuck in Form von Knöpfen und Kettchen, die von Ohr zu Ohr gespannt sind, wird gleich pfundweise spazierengetragen. Wo dieser Reichtum herstammt, kann ich förmlich riechen. Aus den Hütten duftet überall der süßliche Opiumrauch. Die *Lisu* sind die Opiumanbauer mit dem wohl größten „Umsatz" aller Bergstämme. Ich sehe auch einige funkelnagelneue japanische Kleinmotorräder, die nicht richtig ins Bild passen wollen.

Man bietet mir freundlich eine Hütte zum Schlafen an. Zehn Baht, das ist umgerechnet etwa eine Mark, soll es kosten.

Ohne Moskitonetz findet man nachts keine Ruhe

Bevor es dunkel wird, wasche ich mich an einem Bach, der am Dorf vorbeifließt. Die Leute haben sich übrigens ein gutes Bewässerungssystem mit Bambusrohren geschaffen, die vom Bach mit Abzweigungen durch das ganze Dorf verlegt sind.

Mit den ersten Sternen kommt dann die Kälte. Ich setze mich zu den Leuten in eine Hütte. Ein Feuer verbreitet wohlige Wärme. Draußen ertönt immer noch das rhythmische Stampfen der Mörser, mit denen der Reis enthülst wird. Ich blicke ins Feuer und bedeute in der Zeichensprache denen, die kein Englisch können, daß ich mich wohl fühle. Eine Frau bringt das Essen: Süßkartoffeln, Reis und Gemüse. Nach dem langen Marsch habe ich das Gefühl, nie etwas Besseres gegessen zu haben. Weit muß man heute reisen, um Menschen zu finden, die noch eins sind mit der umgebenden Natur und bei denen Gastfreundschaft selbstverständlich und natürlich ist.

Am nächsten Morgen beschließe ich, zu einem nicht allzuweit entfernten Kuomintang-Dorf zu gehen. Als ich aufbreche, ist das Tal unter mir noch von dichtem Nebel verhüllt. Nach ein paar Stunden komme ich durch ein Dorf, das auch von einem *Lisu*-Stamm bewohnt wird. Ich lege eine kurze Pause ein und setze meinen Marsch fort. Als die Sonne senkrecht am Himmel steht, gerate ich ganz schön ins Schwitzen. Ziemlich ausgepumpt erreiche ich dann am Nachmittag mein Ziel. Das Kuomintang-Dorf beginnt mit einer Bretterhütte, vor der zwei Thai-Soldaten sitzen und mich anweisen, meinen Namen und die Paß-Nummer in ein Buch einzutragen; man scheint die Besucher dieses Dorfes unter Kontrolle halten zu wollen!

Dann gehe ich die Dorfstraße hinauf. Überall sieht man

blau gewandete Chinesen, aber fast nur Männer älteren Jahrgangs. Einer bietet mir bei der Suche nach einem Quartier an, in einem leeren Raum seines Hauses zu übernachten. Daß die Leute hier schon ein bißchen auf Touristen eingestellt sind, merkt man ziemlich bald an ihrem Verhalten. Mit einem Alten, Li-Chin, komme ich ins Gespräch.

„Ja, ich kämpfte noch unter General Tschiang Kai-schek gegen die Kommunisten in China", erzählt er. „Das ist schon lange her. Auch etliche Jahre später haben wir noch den Widerstand organisiert. Aber wir wurden älter. Sieh dich im Dorf hier um, die meisten haben längst genug vom Soldatenleben und wollen hier bis zu ihrem Tod in Frieden leben."

Seine Worte bestätigten meine Beobachtungen. Viele der alten Soldatenchinesen haben sich Thai-Frauen genommen und Familien gegründet, und statt Gewehre zu tragen, gehen sie jetzt mit der Hacke aufs Feld. Im zweiten Kuomintang-Dorf, das einen Tagesmarsch von hier entfernt ist, sieht es nach Li-Chins Angaben jedoch anders aus. Dort herrsche noch heute strenge Militärdisziplin und neue, junge Soldaten rekrutieren sich bereits aus den Söhnen der verheirateten Chinesen.

Gegen 18.00 Uhr bricht schnell die Nacht herein. Ich schreibe noch im Schein einer Petroleumfunzel die Erlebnisse des Tages in mein Heft. Dann lege ich mich hin. Kurz vor dem Einschlafen vernehme ich draußen im Hof Schritte und Gepoche gegen Türen und Fenster. Wenig später ertönt gedämpftes Pferdegeschnaube und Hufgetrappel. Was geht da draußen vor? Ich bin jetzt hellwach und versuche durch die Ritzen meiner Hütte nach draußen zu spähen, kann jedoch nichts erkennen. Deshalb schiebe ich langsam die Bambusschiebetür zur Seite, was nicht ohne Geräusche abgeht. Als ich gerade vorsichtig hinausschleichen will, streift ein starker Lichtstrahl die Hauswand, wandert weiter und bleibt an meiner offenen Tür hängen. Ich kann mich eben noch um die Ecke drücken. Eine Gestalt läuft auf die Türe zu, bleibt kurz stehen und schiebt sie dann energisch zu. Rumms! Das war deutlich. Niemand soll Zeuge dessen sein, was sich da draußen auf der Dorfstraße abspielt. Doch was da vorgeht, kann ich mir leicht zusammenreimen: Eine Schmuggelkarawane zieht durch! Vielleicht transportiert sie Diebesgut, vielleicht Waffen, sicher aber Opium! Was ich bisher nur gehört habe, erlebe ich nun selbst. Langsam verstummen die Geräusche, über eine Viertelstunde ist vergangen. Der Nachschub für die Opiumküchen ist unterwegs.

Anderntags war von den Chinesen im Dorf nichts herauszubekommen. Sie setzten nur ihr berühmtes Lächeln auf. Im weichen Lehm verfolge ich aus dem Dorf hinaus die Pferdespuren, doch nach einer Flußdurchquerung sind sie plötzlich wie vom Erdboden verschwunden. Die Karawane muß eine Zeitlang im Flußbett marschiert sein. Ja, im Spurenverwischen ist man in diesen Kreisen Meister. Trotz aller Anti-Rauschgiftkampagnen der Thai-Regierungen hat sich die Situation im „Goldenen Dreieck" nur wenig geändert. Es herrscht auch die Befürchtung, daß durchgreifende Maßnahmen gegen die Kuomintang dem Vormarsch der Kommunisten aus Laos und Kambodscha behilflich sein könnten. Es laufen zwar immer wieder Versuche, den Bergstämmen mit Hilfsgeldern die Umstellung auf andere Einnahmequellen, zum Beispiel auf Kaffee, zu erleichtern, aber solange das Geld für diese Programme schon auf dem Weg von Bangkok herauf in dunklen Kanälen versickert und die Opiumkollaborateure weiter gedeckt werden, so lange wird der *number-one* Schlafmohn im „Goldenen Dreieck" noch weiterblühen!

Noch einmal möchte ich einen Bergstamm besuchen, und zwar die *Akha*, die sich nicht allzuweit vom Kuomintang-Dorf auf einem Bergrücken angesiedelt haben. Der Aufstieg über einen Trampelpfad ist trotz der Morgenkühle eine schweißtreibende Angelegenheit. Der Blick zurück ins Tal zum Kuomintang-Dorf entschädigt mit Grün in allen Abstufungen. Der Kontrast zum rein blauen Himmel fasziniert. Als der Weg in einen Bambusdschungel hineinführt, kommen mir einige Frauen entgegen. Alle sind in phantastische Gewänder gehüllt, tragen schwarze kurze

Auch die Akha-Kinder sind farbenprächtig angezogen und geschmückt

Röcke, verziert mit Bändern, Stickereien und Quasten. Das Auffälligste ist der eigentümlich hohe Kopfputz, an dem viele Silbermünzen und Federn hängen. Sofort wollen sie mir Kettchen und ihre selbstgefertigten Tabakspfeifen verkaufen – aha, erstes untrügliches Zeichen von westlichem Dauerbesuch!

Als ich mich dann dem Dorf nähere, rennen Kinder von allen Seiten auf mich zu und wollen mir Coca-Cola verkaufen – sie wissen wohl, was die Touristen gerne mögen. Beinahe aggressiv werde ich von den Erwachsenen um Zigaretten und Geld angegangen. Kein Bild ist möglich, ohne daß nicht eine bakschischheischende Hand vorgestreckt wird. Welch ein Unterschied zu den *Black Lahu* und *Lisu*! Hoffen wir, daß sie wenigstens noch ihre Gewänder aus Tradition und nicht wegen der Touristen anhaben.

Alle *Akha* sind leidenschaftliche Raucher, und wer keine Pfeife oder Bananenblattzigarette im Mund hat, kaut die Betelnuß, das Opium des kleinen Mannes hier. In kunstvollem Bogen wird der rote Saft ausgespuckt. Die leicht anregende Wirkung der Nuß ist mir bekannt, daß sie aber auch ätzend ist, sehe ich an den zerfressenen Zahnstummeln der Kauer. Unappetitlich schwarz-rot sind Lippen, Zahnfleisch und Zähne verfärbt.

Zu ihren Hunden haben die *Akha* ein besonderes Verhältnis. Sie nehmen sie auf die Jagd mit, hängen sie nach ihrem Tod zur Geisterabwehr an einen Baum oder – verspeisen sie! Vor einer Hütte wird eben ein gebratener Dorfköter zerlegt. Lachend zieht der Hundemetzger die Därme und Innereien aus dem dürren, angebrannten Tier.

Ebenso ungewöhnlich ist das Verhältnis der *Akha* zum Wasser: Aus Angst, daß die Wassergeister in ihren Körper

Der Hundemetzger entfernt die Därme aus dem Braten

eindringen könnten, waschen sich viele *Akha* nicht. Die Ausdünstung ist entsprechend.

Es ist erst etwa fünfzig Jahre her, seit die Akha in Nordthailand auftauchten. Ihre Gesamtzahl wird auf weniger als 10 000 geschätzt. Alle zehn bis fünfzehn Jahre wechseln sie ihr Dorf, weil Krankheiten und Tod ein längeres Weiterleben in den Hütten verbieten. Sie sind wohl die ursprünglichsten und primitivsten aller Bergstämme, doch für wie lange noch? Sie müssen sich der anrückenden Zivilisation stellen, denn noch weiter können sie sich nicht zurückziehen.

Der Buddhismus im Alltagsleben

Bevor ich die Rückreise nach Bangkok antrete, mache ich noch einen Abstecher nach Chiang Mai, der zweitgrößten Stadt Thailands. „Rose des Nordens" wird sie genannt, wegen ihrer schönen Lage, dem erträglichen Klima und ihrer alten Geschichte. Zudem sagt man den Mädchen und Frauen aus der Umgebung Chiang Mais nach, sie seien die schönsten von Thailand. Aber die gnadenlose Lärm- und Gestanksdusche, die Tausende von Motorrädern und knatternden Zweitakt-Taxis erzeugen, treibt mich bei der erstbesten Gelegenheit in einen Bus, der nach Bangkok fährt. Zwar würde es dort um keinen Deut besser werden, aber allzulange wollte ich mich dort ohnehin nicht mehr aufhalten.

Ich lehne mich im Bus zurück und genieße die Fahrt. Die Fahrkarte war billig: nur etwa 12,– DM für die etwa 750 Kilometer. Die Landschaft liegt im Sonnenschein, Wasserbüffel stehen in den vorgepflügten Schlammfeldern für den Reis. Vorbei geht's an kleinen, schmucken Dörfern, in größeren wird angehalten. Dann rollen jedesmal lautstark die Kinder mit ihren fahrbaren Früchteständen heran, um den Reisenden etwas zu verkaufen.

Ich sehe Mädchen und Jungen, die in blauer Einheitskleidung zur Schule gehen. Viele werden froh sein, nach Schulabschluß einen Beruf erlernen zu können, denn die Zahl der Ausbildungsstellen ist sehr begrenzt, die meisten jedoch werden sich als Hilfsarbeiter zufriedengeben müssen. In Thailand werden Frauen und Mädchen sogar beim

Straßenbau eingesetzt, erschreckend, wenn man das zum erstenmal sieht. Das Gesicht gegen den Staub dicht vermummt, den Strohhut gegen die stechende Sonne tief ins Gesicht gezogen, so sehe ich sie am Straßenrand mit ihren Schaufeln stehen. Verdienst? „Ungefähr 1000 Baht im Monat", sagt mein Sitznachbar. Nach deutschem Geld sind das nur etwa 100 Mark, rechne ich in Gedanken um.

Plötzlich ein Verkehrsstau. Eine Menge Leute überqueren die Straße. Sie gehen zu einem Wat, einem Kloster. Kinder, Musikanten und Tänzerinnen eilen voraus – ein Fest! Ich schnappe meinen Rucksack und steige aus, mitten auf der Strecke, ich weiß gar nicht, wo wir sind. Egal. Hier bietet sich die Gelegenheit, einmal ein ländliches Wat-Fest unverfälscht mitzuerleben. Den Anlaß erfahre ich von einem Studenten: Jetzt, zum Ende der Regenzeit, wird überall in Thailand das Thot-Kathin-Fest gefeiert, das die Fastenzeit abschließt und bei dem die Bevölkerung den Mönchen neue Roben schenkt.

Durch das Gedränge arbeite ich mich bis zu den Musikanten vor, die mit Trommeln, Gongs, Xylophonen und Glöckchen einen stampfenden Rhythmus schlagen. Zu dieser Musik vollführen Mädchengruppen langsame, gestenreiche Tanzbewegungen, die sie mit einem strahlenden Lächeln begleiten. Ihre Blusen sind weiß, die knöchellangen Röcke rot, die Schärpen gelb, die Orchideen im schwarzen Haar violett – ein einmaliges Bild exotischer Schönheit und Harmonie! Jede Bewegung, jede Drehung, jede Geste mit den aufgesteckten krallenartigen Verlängerungen der Fingernägel hat ihre bestimmte Bedeutung. Wenngleich ich als Außenstehender der Darstellungssymbolik kaum folgen kann, so zieht mich dennoch das Geschehen voll in den Bann.

Ein Thai-Mädchen beim Tanz auf dem Wat-Fest

Bloß gut, daß ich noch genügend Filme übrig habe, denke ich, während ich den Gruppen fotografierend in den Innenhof des Wat folge. Dort stehen und spielen bereits andere Tanz- und Musikgruppen. Lachend und fröhlich klatschen die vielen Zuschauer nach jedem Tanz Beifall. Der Tempel selbst ist überfüllt, andächtig knien die Menschen vor der großen, goldenen Buddhastatue, die Handflächen vor dem Gesicht zur Wai-Geste zusammengelegt. Es riecht nach Räucherstäbchen und Speisen, denn Wat-Feste sind nicht nur geistige, sondern auch sinnenfreudige Feste. Von einer Tanzgruppe junger Mädchen werde ich unter den schattigen Arkaden zum Niedersitzen und

Mitessen aufgefordert. Der Sitte nach ziehe ich meine Schuhe aus und nehme das Angebot wahr. Freundlich bietet man mir Tee, Reis und Süßspeisen aller Art an. Meine wenigen inzwischen gelernten Thai-Worte genügen, um die Mädchen in helles Lachen ausbrechen zu lassen. Englisch kann keine, aber warum sich nicht einmal nur mit den Augen, mit Lächeln und mit Gesten verständigen? In keinem Land kann das der Reisende wohl so schön wie in Thailand, eben „Im Land des Lächelns", erleben und praktizieren!

Als ich nach langer Zeit gehen will, werde ich von einer Gruppe junger Burschen eingekreist, die schon ziemlich viel Reiswein getrunken haben, singen und ihre Trommeln schlagen. Sie fordern mich auf, mitzutrinken, mitzukommen und mitzutanzen. Nochmals geht es zurück ins Wat, gegen die Menge bin ich machtlos. Die Dorfgemeinde ist um einen großen, mit vielen Geldscheinen geschmückten künstlichen Baum versammelt. Er soll zusammen mit dem in die singende Menge geworfenen Reis Wohlergehen, Fruchtbarkeit und Glück für das kommende Jahr bringen. Langsam tanzend bewegt sich die Menge vorwärts zu einem Priester in gelber Robe, vor dem alle niederknien. Da ich mitten zwischen den Menschen stehe, tue ich es den anderen gleich. Nach einer kurzen, stillen Andacht mit zusammengelegten Händen erteilt der Priester den Segen, worauf alle aufspringen, in die Hände klatschen und weitersingen. Tanzend wird das Wat umkreist, die Stimmung ist ausgelassener denn je, bis sich schließlich die Menge auflöst.

Dem lustigen, fröhlichen Treiben haben viele Mönche beigewohnt, doch teilnehmen durften sie an den Festlichkeiten nicht. Mönch sein, das heißt nach dem buddhistischen Glauben, einmal ohne den Ballast materiellen Besitzes leben, Asket sein, die Meditation erlernen und Buddhas Lehre studieren. Der Eintritt als Mönch in ein Wat ist nicht etwa wie bei uns mit einem Gelübde auf Lebenszeit verbunden, im Gegenteil, Zeitpunkt und Dauer sind frei gewählt, und der Mönch muß einmal im Jahr seinem Abt einen überzeugenden Grund angeben, warum er noch länger in der Klostergemeinschaft leben will. Da fast alle Männer Thailands einmal in ihrem Leben in ein Wat gehen, sind sie mit ihren kahlgeschorenen Köpfen und den safrangelben Roben ein vertrauter Anblick im Straßenbild.

Beim morgendlichen Almosengang – Mönche dürfen kein Geld, sondern nur Speisen annehmen – gehört es zum Ritual, daß die Mönche keine Gebärde der Dankbarkeit zeigen, denn sie ermöglichen es ja dem Gläubigen, wohltätig zu sein! Das Wat bildet keine eigene Welt gegenüber der realen Welt, sondern ist ein Teil davon und allen Bevölkerungsschichten zugänglich: Frauen unterhalten sich laut und gestenreich, Männer ruhen sich aus, und für die Kinder ist es ein beliebter Spielplatz. Wats haben Schulen, sind offen für Andersgläubige und bieten den Ärmsten eine Schlafgelegenheit. Der Buddhismus gehört zum Alltagsleben, nicht nur zum Sonntag. Das beeindruckt mich.

Als Fremder heißt es, einige wichtige Dinge beachten: Vor dem Betreten eines Tempels müssen die Schuhe ausgezogen werden, das gleiche gilt für eine Thai-Wohnung. Keine lässige Kleidung, Frauen dürfen Mönche nicht berühren und ihnen ihre Gaben nicht direkt geben, sondern müssen sie zuerst einer männlichen Person aushändigen, die sie dann an die Mönche weiterreicht.

Der Buddhismus – das ist Thailands geistiger Mittelpunkt, sicherlich ein Grund mit für das sanftmütige und freundliche Wesen der Thais. Gautama Buddha, der 560 Jahre vor unserer Zeitrechnung geboren wurde, war kein Gott, sondern Offenbarer eines Gesetzes, wie sich Wiedergeburt und Erlösung vollziehen. Viele Vorstellungen, Lehren und Gebote Buddhas wurden in die heutigen Umgangsformen der Thai übernommen, deren oberste Devise ist: Immer lächeln und freundlich sein, auch wenn einmal die Umstände nicht danach sind. Niemals den Kopf einer Person anfassen, denn der Kopf gilt als Sitz der Seele und ist heilig. Niemandem die Schuhsohlen zeigen oder ihm die Fußspitzen entgegenhalten, da die Füße die unedlen Körperteile sind. Wer diese wichtigsten Benimm-Regeln beachtet, wird in Thailand rasch Freunde finden!

Von Bangkok Richtung Malaysia

Bangkok. Ein exotisches Chaos. „Venedig des Ostens" wurde es einmal genannt. Um das noch zu sehen, bin ich wohl einige Jahre zu spät dran. Denn die *klongs,* die Wasserkanäle, auf denen früher der Verkehr mit Booten stattfand, sind heute zugeschüttet und zugepflastert, zu schlaglochübersäten Straßen umfunktioniert. Und darüber schiebt sich eine dröhnende, stinkende Blechlawine, die bei dem ungewohnten Linksverkehr eine normale Straßenüberquerung zur lebensgefährlichen Aktion macht.

Während der heißen Stunden des Tages ernähre ich mich meistens von Früchten, wie zum Beispiel Ananas oder Zuckerrohrstücken, aus denen man den süßen Saft herauskaut. Daneben lasse ich mich immer wieder von den

Süßigkeiten und Schleckereien verführen, die von Frauen und Mädchen angeboten werden. Warmes Essen bekommt man in den „fliegenden Garküchen und fahrbaren „Mini-Restaurants". Natürlich ist bei diesen Einfach-Küchen der Speisezettel meist nur auf ein Gericht reduziert, aber mehrere dieser „foodstalls" finden sich zu einem Eßmarkt zusammen, auf dem man sich von Stand zu Stand durchessen kann – von gekochten Maiskolben über Suppen und Fleischspießchen bis hin zu den Früchten. Dafür ist Südostasien ja auch berühmt.

Neben der „Küche" sind die Frauen Bangkoks der einzige Lichtblick in dieser ansonsten chaotischen Stadt. Als Verkäuferin, Busschaffnerin und auf dem Weg zur Schule sieht man die hübschen schwarzhaarigen Thaimädchen immer lächelnd ihrer Arbeit nachgehen oder mit

Ein Kauf an einem Fruchtstand in Bangkok

Mopeds durch die Straßen flitzen. „Krung Thep", „Stadt der Engel" heißt Bangkok übersetzt, heute ist Bangkok jedoch eher eine Stadt der gefallenen Engel. Aber das ist ein anderes Kapitel.

Nach ein paar Tagen halte ich es in Bangkok nicht mehr aus und lasse mir deshalb von dem hilfsbereiten Hotelbesitzer eine Busverbindung nach Süden, Richtung Malaysia, heraussuchen. Auf dieser Strecke sind östlich und westlich einige Inseln vorgelagert, die in Globetrotter-Kreisen wegen ihrer Schönheit und Billigkeit bekannt sind. Phuket ist eine davon, und diese will ich auf meinem Weiterweg für ein paar Bade- und Erholungstage „mitnehmen".

Über eine lange Brücke, durch welche die Insel strenggenommen zur Halbinsel wird, fahren wir in die gleichnamige Provinzhauptstadt von Phuket, die an der Südostküste liegt. Dann geht's weiter mit schon wartenden Kleinbussen zur Westküste, wo sich ein Strand nach dem andern wie an einer Perlschnur aufreiht. Der Vorwurf, daß die Globetrotter die Wegbereiter des modernen Massentourismus sind, läßt sich hier auf Phuket genau studieren und belegen: eine bis Anfang der siebziger Jahre kaum bekannte Küstenregion wird jetzt planmäßig für den Kommerztourismus vorbereitet. Die Patong-Beach ist schon mit Hotels und geschmacklosen Ferien-Häusern verschandelt. An der Karon Beach sind die Verhältnisse ein wenig besser. Für ein paar Mark kann man in Häuschen unter Palmen eine Bleibe finden, Essen gibt es in kleinen Stadtrestaurants (die nur aus Holz und Palmwedeln bestehen). Sie werden meist von Fischerfamilien betrieben, die sich auf diese Weise etwas dazuverdienen. Das ist alles sehr nett, weniger schön ist aber, was man jeden Tag zu hören bekommt: Es wird unheimlich viel gestohlen, aus den Hütten, am Strand, beim Spazierengehen. Eine Reisebekannte von mir wurde beim Sonnenbad am Strand von zwei Burschen mit der Pistole bedroht, und als die Burschen merkten, daß nichts zu holen war, versuchten sie die Uhr und ein Schmuckkettchen abzureißen, was nicht ohne kleinen Kampf abging. Ich werde deshalb, so schön es hier auch ist, nicht allzulange bleiben, denn wenn man immer in Sorge um seinen Besitz sein muß, kann die Sonne noch so glutrot im Meer untergehen.

Eines Morgens wird am Strand eine große Menge Holz zwischen zwei Steinmauern aufgeschichtet.

„They are going to barbecue someone", sagt mir das Mädchen Ganya, als ich meinen Morgentee schlürfe, „sie grillen heute nachmittag jemand."

Eine Leichenverbrennung also! Das spricht sich schnell herum, und die meisten sind auf die Zeremonie gespannt, denn im Gegensatz zu unseren Begräbnissen ist nach buddhistischem Glauben keine tränenreiche Trauerfeier zu erwarten.

Gegen Mittag karrt ein Lastwagen den Sarg an den Strand. Mitgekommen sind auch einige gelbgekleidete Mönche, die den Sarg weihen. Die Angehörigen sind alle in Schwarz oder Weiß gekleidet. Laute und schmissige Musik dröhnt aus einem Lautsprecher, der auf dem Lkw-Dach montiert ist. Die Mönche rezitieren im Singsang Gebete, und ein Fotograf macht wie bei einer Hochzeitsgesellschaft Erinnerungsfotos. Schließlich wird der Sarg auf den Holzstoß gewuchtet, der Deckel abgenommen und der ganze Aufbau angezündet. Zwei Stunden später ist alles vorbei: die lodernden Flammen, der viele Rauch, der Gestank des verbrennenden Fleisches und damit auch die

Existenz eines Mannes, der nun nach seinem Glauben als Buddhist in einer höheren Existenzform einmal wiedergeboren werden wird.

Nach ein paar Ruhetagen geht meine Busreise weiter, die ein Erlebnis ganz eigener Art darstellt. Zu jedem Bus gehört neben dem Fahrer noch ein Schaffner oder „Stauer", der die Fahrtziele ausruft, das Gepäck verstaut und für die reibungslose Organisation verantwortlich ist. Ein guter „Stauer" springt immer als letzter auf den schon anfahrenden Bus und als erster von dem haltenden. Macht man unterwegs eine kleine Essenspause, hupt er mit einer Preßluftfanfare die Fahrgäste wieder zusammen. Reiseverpflegung kann man übrigens auch im Bus erstehen: Händler sind hier kleine Kinder, die an einer Haltestelle mit einsteigen und dann mit ihrem Bauchladen von Sitz zu Sitz marschieren. Ist der Bus durchgekämmt, steigen sie mitten auf der Strecke aus und fahren dann mit dem nächsten Bus zurück. Der Fahrer selbst scheint nur zwei Geschwindigkeiten zu kennen: Stop und Vollgas! Kurven werden grundsätzlich geschnitten, und wer den Ellbogen zu weit aus dem offenen Fenster lehnt, riskiert, ihn bei dem minimalen Abstand von einem entgegenkommenden Fahrzeug abgerissen zu bekommen! Die Sitze selbst sind natürlich auf die Größe der Thai zugeschnitten, so daß ein normal gewachsener Mitteleuropäer seine liebe Not hat, seine Beine unterzubringen.

Der Süden Thailands unterscheidet sich in vieler Hinsich vom Norden: Landschaft, Kultur, Menschen und Religion ändern sich. So fällt mir auf, daß schattige Gummibaum-Plantagen viel häufiger sind als Reisfelder, daß goldene Moschee-Kuppeln langsam die geschwungenen Dächer von buddhistischen Tempeln ablösen, daß mehr Menschen Englisch sprechen. Kein Zweifel, Malaysia ist nahe, und Bangkok, der Sitz der thailändischen Regierung ist fern. Dieser geographische Umstand hat die Bildung kleiner Separatistenbewegungen begünstigt, die den Anschluß an Malaysia wollen. Sie sorgen ständig für Unruhe, was einige Gangstergruppen für sich ausnutzen, die Land und Straße unsicher machen und immer wieder Busse und Autos ausrauben. Aus diesem Grund bekommt unser Bus einen Begleitschutz: Aus einem Armeecamp, direkt an der Straße, steigt ein junger Soldat zu, der vor lauter Waffen und Handgranaten kaum mehr richtig gehen kann. Alles dreht sich leise und furchtsam zu ihm um. Aber er besitzt nicht einmal ein Funksprechgerät, so daß ich stark im Zweifel bin, ob er gegen einen raffinierten Überfall mit Straßensperren etwas ausrichten könnte. Um alle durchfahrenden Autos besser kontrollieren zu können, hat die Polizei im 10-Kilometer-Abstand sandgefüllte Öltonnen zu Slalomhindernissen aufgebaut.

Wir haben Glück, es passiert nichts. Ich hörte von anderen, daß bei Überfällen alle Reisenden ihr Gepäck abgeben mußten, wobei die Gangster natürlich bei den Europäern fette Beute machten.

Kleiner Grenzverkehr

Zugkontrollpunkt Padang Besar, Grenze Thailand – Malaysia. Ich sitze in einem Zug und habe soeben meinen Paß mit dem schönen bunten Einreisestempel wiederbekommen. Aufatmend lehne ich mich zurück und wische den mittäglichen Schweiß von der Stirn. Die nächste Etappe meiner Reise hat begonnen.

Ich blättere in meinen Reiseunterlagen. Der Name „Malay" ist klar: Es ist der ethnische Begriff für den moslemischen Bevölkerungsteil, der an die sechs Millionen zählt. Das „sia" steht für die andere Hälfte der Einwohner, nämlich für noch mal sechs Millionen Chinesen, Inder, Ureinwohner, Eurasier und andere Mischlinge. Politisch ist Malaysia eine Föderation, die von einem Sammelsurium britischer Kolonien 1963 zu einem Staatenbund verschmolzen wurde. Staatssprache ist das Malayische, Englisch aber weit verbreitet. Geographisch gliedert sich das Land in den schmalen Landfinger der Malayischen Halbinsel und in Ostmalaysia, den Nordteil der Insel Borneo. Zwei Drittel des Landes sind von tropischem Regenwald bedeckt. Das ganze Jahr ist es heiß, das ganze Jahr ist es schwül, das ganze Jahr gibt es Regen.

Draußen gibt nun ein Schaffner das Abfahrtssignal. Nicht mit einer Pfeife, sondern wie ein alter schwäbischer Büttel mit einer Messingglocke. Laut und hell klingen die Schläge, mahnen eine lachende und schimpfende Marktfrauenarmada, die Plätze einzunehmen. Das geschieht dann handstreichartig, denn fast alles ist schon belegt. Kisten, Koffer und Körbe mit Federvieh werden durch die Fenster gehievt, landen unter den Bänken oder auf den Ablagen über den Sitzen. Längst sind die Türen blockiert, der Gang ist mit prallgefüllten Säcken vollgeschichtet, und das Stehklosett gar zum Reissilo zweckentfremdet worden.

Auf meinen verwunderten Gesichtsausdruck hin erklärt mein Nachbar: „Die übliche Marktabwicklung im kleinen Grenzverkehr zwischen Thailand und Malaysia. Thai-Reis ist wesentlich billiger als der malaysische. Das nützen die Frauen aus. Sie fahren jeden Tag nach drüben, kaufen den Reis, verkaufen ihn hier wieder und bessern somit ihren Verdienst auf."

Der Zug schaukelt gemächlich durch eine schöne Landschaft. Reisfelder ziehen vorbei, in denen Frauen bis zu den Knien im Wasser stehen, um Sämlinge einzudrücken. Die Männer pflügen derweil mit Wasserbüffeln. Ab und zu, wenn der Zug im Schrittempo in die Kurven fährt, lehne ich mich aus dem Fenster und mache eine Aufnahme.

Ein paar Stationen weiter sind schon etliche Reissäcke aufgeplatzt, und der Boden erinnert an eine frisch mit Rollsplit bestreute Landstraße. Man muß scharf aufpassen, daß man beim Gehen nicht ausrutscht und gegen die

Die Reissäcke werden auf Fahrräder umgeladen

Holzbänke knallt! Das ist besonders das Problem des Schaffners, der ab und zu auftaucht und den Händlerinnen für das Mehrgepäck Zuschläge abzukassieren versucht. Aber da hat er gegen die ausgefuchsten Marktweiber einen schweren Stand! Die Besitzerinnen der Säcke verdrücken sich bei seinem Erscheinen nach hinten, und der Rest schickt ihn auf seine Frage in die andere Richtung! Kommt er schimpfend zurück, sind schon wieder etliche Säcke mehr ausgeladen. Das übernehmen die Trittbrettfahrer, die die Säcke am Zug mitlaufenden Jungen aufschultern. Diese haben nämlich schon an bestimmten Stellen gewartet, und indem sie dem langsam fahrenden Zug immer wieder hinterhersausen, schaffen sie es „fliegend", ein halbes Dutzend Säcke auszuladen. Die ganzen Aktionen werden mit viel Gelächter abgewickelt. Langweilig ist diese Zugfahrt gewiß nicht! Aber deshalb habe ich ja auch die 3. Klasse gewählt.

Georgetown, Stadt der Chinesen

Mit sozusagen planmäßiger Verspätung kommt der Zug abends in der Hafenstadt Butterworth zum Stehen. Ich wechsle auf eine große Fähre, die mich zur Insel Penang bringt. In Georgetown macht das Schiff fest, und ich gehe von Bord. Georgetown hat eine abwechslungsreiche Geschichte hinter sich und ist heute eine fast durch und durch chinesische Stadt. Ich, der ich zum erstenmal einer solch geballten Schlitzaugenansammlung gegenüberstehe, komme ins Staunen. Die ganze Stadt ist ein einziges Warenhaus mit verwirrenden chinesischen Schriftzeichen

Georgetown gleicht einem riesigen Warenhaus

und einem Angebot, das keine Wünsche offenläßt: vom billigsten Plastikramsch bis zu den modernsten elektronischen Geräten ist alles zu haben. Chinesische Lebensart und Kultur begegnen einem auf Schritt und Tritt. So kann man zum Beispiel morgens von einer Leichenprozession geweckt werden, die mit Gongs durch die Straßen zieht, nachmittags auf einem Flohmarkt stöbern und abends die Aufführung einer Chinesischen Straßenoper bestaunen.

Diese China-Oper hatte es mir angetan. Die ganze Bühnenkonstruktion besteht nur aus Bambusrohren, Tüchern und Brettern, die durch eine Unzahl Seile vor dem Einsturz bewahrt wird. Der Raum hinter den Kulissen ist alles in einem: Garderobe, Orchesterraum, Requisitenkammer, Schneiderei, Schminkraum, Beleuchtungs-

Vor der China-Oper werden Räucherkerzen abgebrannt

Die Schauspieler beherrschen die Schminkkunst perfekt

stand, Werkstatt und Kantine. Das Chaos bleibt auch während der Vorstellungen bestehen, die von nachmittags bis spät in die Nacht dauern. Wer nicht gerade auftritt, unterhält sich, spielt Karten oder schläft ein bißchen. Maskenbildner sind in der China-Oper unbekannt: Jeder greift selbst zum Farbtopf. Unglaublich, wie die Schminkkunst von jedem Truppenmitglied beherrscht wird und welches Gesicht wiederum nach dem Abschminken zum Vorschein kommt. Ein Junge kann ein wenig Englisch und erklärt auf meine Fragen: „Jede Farbe hat ihre Bedeutung, der sich der Schauspieler mit seiner Rolle anpassen muß. Gelb ist den Göttern vorbehalten, grün ist für böse Geister, weiß bedeutet Alter und Trauer, rot symbolisiert Tapferkeit und Treue. Wir spielen Stücke aus der Kaiserzeit, als das Prinzip der herrschenden Ordnung über das Theater ins Bewußtsein des Volkes gebracht wurde."

„Und wer bezahlt euch, ihr verlangt ja keinen Eintritt?" frage ich.

„Ein Sponsor, ein reicher Mann, der die uralte Theaterkunst unseres Landes aufrechterhalten will", lautet die Antwort.

Es ist erstaunlich, wie diese Stücke versunkener Dynastien heute noch ein begeistertes Publikum finden. Wie kaum ein anderes Volk in Südostasien sind die Chinesen ihren Traditionen und Sitten treu geblieben.

Die Straßen Georgetowns sind laute Treffpunkte. In den Restaurants werden die Bestellungen durch den Raum geschrien, und an jeder Ecke dröhnt eine Musikbox, die die neuesten Hit-Produktionen abfahren. Chinesen scheinen den Lärm zu lieben und nie zu Bett zu gehen.

Transportprobleme innerhalb der Stadt gibt es keine, denn Rikschas, die in Malaysia „Trishaw" genannt werden

(Tri = drei Räder), gibt es genug. Zugegeben, als ich mich in Thailand zum erstenmal einem solchen Gefährt mit Muskelmotor anvertraute, kam ich mir schon ein wenig komisch vor, galt doch die Rikscha früher als Inbegriff des Kolonialismus. Aber dieser Volkswagen des kleinen Mannes ist immer noch unentbehrliches Transportmittel für alles und jedes. Dabei stehen die Rikschakapitäne im Ruf, schlitzohrige Gesellen und Aufrührer der Gesellschaft zu sein. Vor jedem Bahnhof, auf allen Plätzen und Straßen warten sie auf Kundschaft. Natürlich verlangen sie immer einen zu hohen Preis – außer man hat Schlitzaugen, eine braune Haut oder kennt die Preise. Aber selbst dann ist man nie vor Überraschungen sicher. Zwei Beispiele: Als ich von den Bergstämmen im Norden Thailands nach Chiang Mai zurückkam, wollte ich mit einer Rikscha zu meinem alten Guest-house fahren. Die Adresse hatte ich schon vorsichtshalber auf einen Zettel notiert. Aber mit Adressen und Hausnummern – wenn überhaupt – ist das so eine Sache. Der Fahrer fand einfach nicht den richtigen Platz. Da mir das alles zu lange dauerte, wollte ich aussteigen und zu Fuß gehen. „Nein", sagte der Bursche, „bleib sitzen, gleich hab ich es, nur noch ein paar hundert Meter." So ging das wieder eine ganze Weile, bis ich schließlich merkte, daß er nie und nimmer das Guest-house finden würde. Ich stieg aus und wollte den vereinbarten Preis zahlen. Aber der Bursche wollte jetzt natürlich viel, viel mehr.

„Wenn du die Adresse nicht weißt, mußt du das sagen und mich nicht eine dreiviertel Stunde hier herumkarren", versuchte ich ihm klarzumachen. Doch er ließ sich nicht auf lange Dispute ein. Er griff hinter dem Rücken unters Hemd, und plötzlich blitzte ein langes Messer auf! Oh!

Das wurde gefährlich! Ich versuchte noch ein kurzes Taktieren, aber er kam immer schneller auf mich zu, während ich rückwärts ging. Das alles spielte sich in einer dunklen, unbelebten Straße ab. Mit dem Rucksack auf dem Buckel hatte ich da keine Chance. Ich griff deshalb schnell in die Tasche, wo ich zum Glück einen kleineren Geldschein stecken hatte und warf ihm diesen zu. Während er sich bückte, gab ich Fersengeld und rannte, so schnell ich konnte, um die Ecke – sicher ist sicher, dachte ich. Offenbar besänftigte ihn das Geld, denn er folgte mir nicht.

In Georgetown mußte ich am Abend einmal kurz vor Schließung der Post noch schnell dorthin, um ein paar Filme und Briefe aufzugeben. Ich rannte aus dem Hotel zu einem Rikschafahrer, mit dem ich gleich einig wurde.

„Zur Post und zurück", sagte ich, „du bekommst einen Dollar (ca. 80 Pfennig)".

„All right." Wir fuhren hin, ich erledigte meine Sachen, und dann ging's mit der Rikscha zurück zum Hotel, wo ich ihm den Schein gab.

Aber da protestierte er: „Nein, das ist nur die Hälfte, du mußt für die Rückfahrt auch noch bezahlen." Wie? Der Bursche wollte mich ganz klar hereinlegen. Ich machte den Fehler, mich auf eine Diskussion einzulassen. Bald war ein mittelgroßer Menschenauflauf entstanden. Hilfe von Außenstehenden kann man da nicht erwarten, im Gegenteil, sonst gäbe es ja nichts mehr zu sehen und zu hören. Also gab ich dem Burschen eben nochmals einen Dollar, um meine Ruhe zu haben. Das heißt, ich gab ihm die Note nicht, sondern warf sie in seine Rikscha. Nun geschah etwas, womit ich nicht gerechnet hatte: Durch dieses Hinwerfen mußte ich ihn im höchsten Maße beleidigt

haben! Er schrie so sehr, daß die Umstehenden erschrok-
ken einige Schritte zurücktraten und ich eingedenk meiner
Chiang-Mai-Erfahrung nur noch an Rückzug dachte und
in das Hotel stürzte. Da stand er nun am Eingang und
schrie die Treppe hinauf, bis ihn schließlich der Besitzer
wegscheuchte.

Daneben gibt es natürlich auch ganz andere Burschen,
wie Ibrahim, einen Inder, einen originellen Gesellen in
Cowboystiefeln, den ich am zweiten Tag kennengelernt
hatte und der mir Sondertarife für längere Fahrten offe-
rierte. Durch ihn erfuhr ich vieles, und an ihm läßt sich

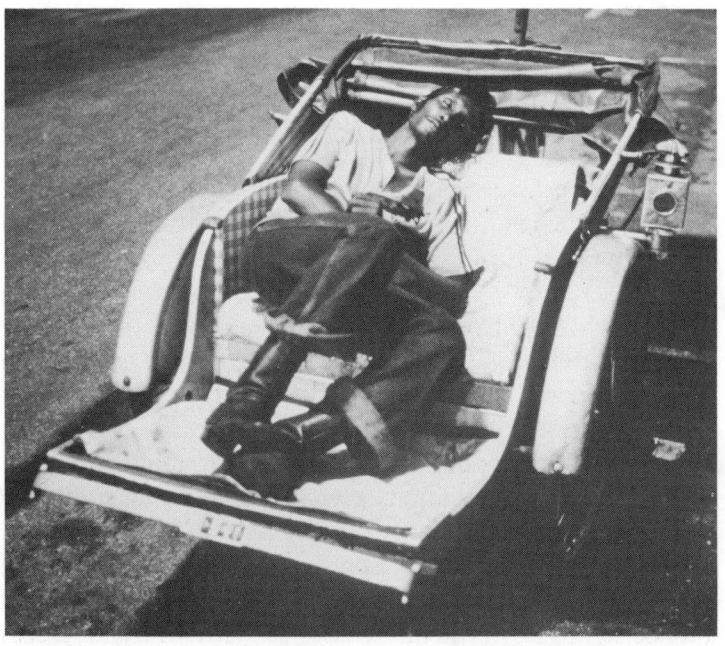

Ibrahim schläft jede Nacht unter einer anderen Straßenlaterne

auch einmal ein Schicksal aufzeigen.

„Meine Eltern kamen als Arbeitsuchende von Bombay auf die Insel Penang", erzählte er. „Indische Auswanderer gibt es hier ja schon seit der Britenzeit im 18. Jahrhundert. Geboren bin ich in Bombay, aufgewachsen aber hier in Georgetown. Die Schule habe ich nicht besucht, die war für mich und meine zehn Geschwister zu teuer. Seit ich fünfzehn bin, versuche ich mit dieser Trishaw Geld zu verdienen. Für mich und noch weitere zwölf Personen, die ich mitversorge und die mir halfen, diese gebrauchte Trishaw zu kaufen. Ich gehe nur am Wochenende heim in die Vorstadt."

„Und wo schläfst du?" fragte ich.

„Good man, my home is my Trishaw", lacht er, und deutet dabei auf den Sitz. „Hier, täglich unter einer anderen Straßenlaterne."

Ibrahim hängt am Heroin, das verraten seine stumpfen, tiefliegenden Augen; andere am Alkohol. Die aussichtslosen Perspektiven für ihre Zukunft treiben diese Menschen in die Sucht.

Wer sehen will, muß reisen, und wer Feste erleben will, muß zur richtigen Zeit am richtigen Ort sein. Das ist in Malaysia kein Problem, denn dort ist der Festkalender das ganze Jahr hindurch mit moslemischen, chinesischen, hinduistischen, buddhistischen und christlichen Festen angefüllt. Schwer zu sagen, welches von den zwei, die ich auf Penang miterlebt habe, schöner oder aufregender war: das Deepavali-Fest, der Neujahrstag der Hindus, das auch gleichzeitig das Lichterfest der Buddhisten ist, oder das chinesische Fest der Neun-Kaiser-Götter. Das Deepavali-Fest wurde am Strand gefeiert, Musik spielte, die Menschen tanzten dazu, und zum Abschluß wurden Tausende kleiner Papierschiffchen mit brennenden Kerzen auf den nächtlichen Ozean gesetzt. Das Fest der Neun-Kaiser-Götter wurde dagegen mit Prozessionen, Opfern, nächtlichen Puppenspielen und religiösen Ritualen der chinesischen Mythologie begangen.

Bei einem Abendspaziergang komme ich zu einem der vielen chinesischen Tempel in der Stadt. Neben den Wächterlöwen stehen die typischen Öfen, in denen auf Papier geschriebene Wünsche verbrannt und auf diese Weise in den Himmel geschickt werden. Im Tempelinnern sitzt ein Chinese mit nacktem Oberkörper auf einem Hocker, beugt sich unablässig im Rhythmus der Trommelschläge vornüber und schüttelt gleichzeitig den Kopf, daß die Schweißtropfen nur so fliegen. Räucherkerzen qualmen, die Menge schaut dem Schauspieler teilnahmslos zu. Sie scheint auf etwas zu warten. Nach ungefähr einer halben Stunde ist es soweit: der Mann fällt in Trance. Mit weiß herausquellenden Augen greift er zu einer Peitsche aus Schlangenleder, tanzt und läßt die Peitsche knallend durch die Luft sausen, stürzt dann zum Altar, zieht ein im Holz steckendes Schwert heraus und schlägt sich damit erst den Rücken, dann die Zungenspitze blutig! Mich schaudert! Den rotschäumenden Speichel speit er auf Papierstückchen, die sofort von alten Frauen weggenommen werden. „Diese Papierstücke werden bei den Chinesen über die Haustüren genagelt, um Unheil abzuwehren und um das Glück zu gewinnen", flüstert mir Ibrahim zu, der mich begleitet hat. „Die Chinesen glauben an den Einfluß übersinnlicher Kräfte." Das Ritual geht weiter, ich aber wende mich zum Gehen.

Den Abschluß der Neun-Kaiser-Feierlichkeiten bildet

eine infernalische Knallkörpernacht, wie man sie sich lauter nicht vorstellen kann. Dabei werden die Straßen mit Fahnen und kleinen Hausaltären geschmückt. Viele Familien haben auch Tische und Stühle ins Freie gestellt. Ganze Girlanden von Feuerwerkskörpern sind von Haus zu Haus zu kiloschweren Trauben gespannt. Junge, wenn das auf einmal explodiert, denke ich! Aber noch ist es nicht soweit. Beim Tempel auf einer kleinen Anhöhe tanzen Frauen mit weißen Gewändern und Männer mit bloßem Oberkörper zum Rhythmus von Trommeln und Gongs. Genau um Mitternacht treibt das Fest dem Höhepunkt zu: Der kleine Holzaltar wird angezündet, und die Männer, die sich in Trance getanzt haben, stoßen Schreie aus und verfallen in ekstatische Zuckungen. Sie packen das Altargestell und rennen damit durch die Menge die Straße

Die explodierenden Knallkörper machen einen ohrenbetäubenden Lärm

hinab. Ein wahres Inferno begleitet sie, denn nun werden nacheinander die Feuerwerksgirlanden gezündet. Jugendliche machen sich den Spaß, nebenher- und vorauszurennen und weitere Knallkörper unter die Menge zu werfen. eine ganze Handvoll landet genau vor meinen Füßen. Ich muß einen wahren Veitstanz vollführen, um den explodierenden Krachern auszuweichen, weiß bald nicht mehr, wo vorne und hinten, oben und unten ist! Ich presse meine Hände an die Ohren, um die Trommelfelle zu schützen. Andere Zuschauer waren vorsichtiger, sie haben sich Jacken und Tücher um die Ohren gewickelt. Zwischen grellen Lichtblitzen sehe ich den Altar um die Ecke verschwinden. Dann plötzlich Ruhe, der Spuk ist vorbei. Bergeweise liegen zerrissene Knallkörper auf der Straße, und ein paar Fahnen flattern schlaff im Nachtwind.

Alltag eines Globetrotters

Inzwischen bin ich ungefähr zwei Monate in Fernost und habe mich auf den Reisealltag um- und eingestellt: Von regelmäßigen Mahlzeiten auf Gelegenheitsverpflegung, vom Spät- zum Frühaufsteher (weil einen der frühmorgendliche Stadt- und Dorfkrach herausjagt), vom weichen frischen Bett auf die verschiedensten Liegen in obskuren Unterkünften, wo Moskitos, Kakerlaken und Flöhe gratis mitgeliefert werden. Ein normaler Reisetagesablauf sieht etwa so aus: frühmorgens zum Busbahnhof, dort Erkundigung nach dem richtigen Fahrzeug. Fahrpläne gibt es selten, man wartet eben. Hat man den richtigen Bus herausgefunden, muß das Gepäckproblem gelöst werden.

Der beste Platz ist vorne beim Fahrer. Da sieht man am meisten und ist beim Aussteigen gleich an der Türe. Abends oder auch schon am Nachmittag klettert man dann verschwitzt und durchgeschüttelt aus dem Vehikel, das nur eine entfernte Ähnlichkeit mit einem modernen europäischen oder amerikanischen Bus aufweist. Die Suche nach einem Quartier beginnt. Trifft man noch andere Globetrotter, wird das Suchen, Fragen und Rucksacktragen nicht so anstrengend. Begegnungen mit anderen Reisenden sind wichtig, um die neuesten Tips über Verbindungen, Plätze und Übernachtungsmöglichkeiten auszutauschen. Nach einer Dusche und einem Imbiß ist man wieder fit für weitere Unternehmungen, die sich abends natürlich vor allem als Kneipen- und Straßenbummel gestalten. Meist entscheidet dieser Eindruck darüber, ob man noch einen oder zwei Tage bleibt.

Das tägliche Reisetempo läßt sich schwer vorausbestimmen, denn jeder Tag kann neue Überraschungen bringen, so daß stures Festhalten an Terminen und Tagen nicht in Frage kommt. Die begehrteste Überraschung ist natürlich eine Einladung von Einheimischen, denn nur so hat man die Möglichkeit, einen richtigen Einblick in das Land zu gewinnen. Diese Einladungen ergeben sich manchmal aus dem Augenblick heraus, man muß sie nur wahrnehmen.

Da stehe ich z. B. auf einem Busbahnhof und warte auf einen Anschluß. Ich spaziere ein wenig herum, und plötzlich stehe ich vor einem alten Mann mit langem weißem Bart, wasserhellen Augen und einem langen, weiten Gewand. Verwundert blicke ich ihn an, denn er erinnert mehr an einen Beduinen als an einen Malayen. Und dann sage ich ihm auch auf den Kopf zu: „You are a Hadji, you have been in Mecca!"

Er lacht, ist ganz gerührt und stolz, daß ich ihn an seinem Gewand als einen Mekkapilger erkannt habe. Spontan lädt er mich nach einer kleinen Unterhaltung ein, zu ihm nach Hause zu kommen, bei ihm zu essen und auch zu übernachten. Hocherfreut gehe ich mit.

In Mohammeds Haus werde ich seiner Frau vorgestellt, muß seine zwölf Kinder im Familienalbum bewundern, und später werde ich zu einem malayischen Mahl auf den Teppich gebeten. Mit seinen erwachsenen Söhnen waren nur wir Männer unter uns, wie es Sitte ist. Besteck gibt es auch keines, man ißt all die gebratenen und gekochten Köstlichkeiten mit den Fingern.

„Enak", lobe ich, „schmeckt ausgezeichnet".

Mohammed lacht, was er seit unserer Begegnung fast nur getan hat, und erzählt weiter von seinem Leben, der Familie und von Malaysia. Erst spät in der Nacht lassen wir uns in dem großen Raum auf die Schlafmatten nieder. An solchen Abenden kann man über sein Reiseland und seine Menschen mehr erfahren als bei tagelangen Fahrten von Stadt zu Stadt.

Malaysia ist ein reiches Land. Das sieht man nicht nur an den endlosen Gummibaumwäldern, die zwei Drittel des kultivierten Landes bedecken, sondern auch an den Schwerlastern, die mit gigantischen Baumstämmen beladen die Straßen entlang zu den Sägewerken rumpeln. Pfeffer und Palmöl sind weitere Exportschlager. Ein zusätzliches Vermögen liegt unter der Erde, in den Zinnlagerstätten. Auch hier kennt das Land beim Export weltweit keine Konkurrenz. Mit diesen vier Produkten ist es viermal die Nummer eins in der Deckung des Weltbedarfs. Das bringt dem Land harte Devisen, mit denen westliche

Konsumgüter gekauft werden. Die Malayen sind richtige „Made in Germany"-Fans! Überall entdecke ich deutsche Produkte, von Bleistiften über Schreibmaschinen bis zu Radio- und Fernsehgeräten. Das ist wirklich überraschend, wo doch die Japaner mit ihren billigeren Angeboten sonst fast alle Märkte beherrschen.

„Ja", bekomme ich oft zu hören, „die japanischen Waren sind zwar billiger und auch oft moderner, aber deutsche Produkte halten länger!" Das scheinen besonders die Taxifahrer zu wissen, die fast ausschließlich Mercedes-Modelle fahren.

K. L., wie die Hauptstadt von Malaysia, Kuala Lumpur, abgekürzt genannt wird, war vor einhundert Jahren sicherlich nicht mehr als ein Außenposten in der Wildnis. Für die Ureinwohner der entfernten Sarawak und Sabah auf der Insel Borneo könnte sie sicherlich auch auf dem Mond liegen, ohne ihnen wesentlich ferner zu sein.

Mir kommt die Stadt vor wie eine Szenerie aus 1001 Nacht, nach Fernost verpflanzt. Moscheetürme ragen in den Himmel, die Post, der Hauptbahnhof und viele andere öffentliche Gebäude sind im maurischen Stil erbaut. Von den Errungenschaften unserer Zeit ist K. L. allerdings auch nicht verschont geblieben. Supermärkte und Verkehrsstaus gehören hier genauso zum Stadtbild wie anderswo. Faszinierend ist das bunte Völker- und Rassengemisch auf den Straßen. Da wartet ein alter Inder mit Turban an seinem Zeitungsstand auf Kunden, ein chinesischer Koch steht im Unterhemd hinter seiner Bratpfanne, eine Malayin im Sarong, dem Umschlaggewand, erledigt ihre Besorgungen, und ein *Orang Asli*, wie die Negritos, die Ureinwohner, genannt werden, betrachtet die Auslagen in einem Schaufenster.

Ich lande in einem der üblichen Billighotels, die in bestimmten Straßen zu finden sind und deren Adresse man entweder schon vorher durch Mundpropaganda oder aus einem Globetrotter-Reiseführer erfahren hat. Ich mache mich zuerst über meine Wäsche her, es ist höchste Zeit, mal wieder eine Waschstunde einzulegen. An der Decke leiert ein Miefquirl, Ameisen wandern auf dem wackligen Tisch von Kekskrümel zu Kekskrümel, und der Plastikbezug des Stuhles klebt an meinen Schenkeln, während ich meinen Tagesbericht zu schreiben versuche. Aus, nichts mehr zu machen heute, es ist einfach zu warm, und ich bin wohl zu faul. Ich werfe das Heft klatschend auf den Tisch, so daß ein Gecko, dieser nützliche Fliegenvertilger, erschrocken hinter einem Bild hervorlugt.

Da klopft es.

„Come in", rufe ich.

Ein hübsches Mädchen steht in der Tür, eine Schweizerin, wie ich gleich unschwer hören kann.

„Grüezi, ich wohne auch hier, und ich wollte dich fragen, ob du vielleicht ein ausgelesenes Buch hast. Dann könnten wir tauschen."

„Es tut mir leid", sage ich, „für unterwegs nehme ich außer den Reiseführern nichts weiter zum Lesen mit. Bist du allein unterwegs?"

„Nein, ich reise mit meinem Freund. Kommst du auch von Thailand und willst nun weiter nach Singapur?"

Ich bejahe, und wir machen aus, nachher miteinander zum Essen zu gehen.

Marianne und Christoph sind schon ein halbes Jahr länger als ich in Südostasien unterwegs und haben schon einige Länder mehr bereist. In Nordthailand bei den

Bergstämmen waren sie auch, und wir können Erinnerungen austauschen. Es ist immer gut, wenn man Leute mit ähnlichen Routen trifft. Auch sie wollen noch Java und Bali bereisen, dann nach Australien fliegen, in die Südsee und nach Nordamerika. Ich bin fast sicher, daß wir uns noch einmal sehen werden! Unter welchen Umständen aber, das ahnten wir damals noch nicht!

Von Kuala Lumpur aus mache ich verschiedene kleine Ausflüge. Auf Nebenstrecken erreiche ich die knapp 2000 Meter hoch gelegenen „Cameron Highlands", ein Bergland in dem sonst tropischen Malaysia. „Garten in den Wolken" nennen es die Einheimischen, weil hier nämlich all jene Früchte- und Gemüsesorten gedeihen, für die das tropische Tieflandklima nicht geeignet ist. Schon bei der Auffahrt über eine steile Serpentinenstraße sinkt die Temperatur merklich. Palmen und Bambus weichen Bergdschungeln und riesigen Baumfarnen, die zu den ältesten Pflanzen der Erde gehören sollen. Wären da nicht die großen Teeplantagen und die dunkelhäutigen Menschen auf den Feldern, könnte man stellenweise denken, im Allgäu zu sein. Die „Highlands" sind „Höhenluftkurorte" für die wohlhabenderen Malayen, und auch ich schlafe in den kühlen Nächten ausgezeichnet, solche Erholungstage von den Tropen tun gut.

Mein nächstes Ziel ist Malakka.

„Malakka ist der reichste Seehafen mit den meisten Händlern und dem stärksten Schiffsverkehr in der ganzen Welt", schrieb ein Portugiese im 16. Jahrhundert. Doch in jener Zeit hatte die berühmteste Hafenstadt Südostasiens den Höhepunkt ihrer Entwicklung bereits überschritten, war die Zeit vorbei, da Malayen, Araber, Javaner, Chine-

Riesenfarnbaum in den „Highlands" von Malaysia

sen, Thais und Europäer ein kosmopolitisches Zentrum bildeten und da auf den Basaren jede auch nur erdenkliche Ware gehandelt wurde. Vor allem natürlich Gewürze, die in Europa so begehrt waren. Holländer, Portugiesen und Engländer lösten sich im Stadtbesitz ab. Das Malakka von heute ist eine etwas verschlafene Stadt, nur manchmal noch wird man durch ein paar steinerne Ruinen an die große Vergangenheit erinnert. An die Stelle von Gewürzen, Seide und Porzellan sind Erdöl, Zinn und Kautschuk getreten, die mit Frachtschiffen durch die enge Malakka-Meerenge befördert werden.

Das Paradies hat Vorschriften

Eine kleine, unscheinbare Insel am südlichsten Punkt des malaysischen Fingers: 42 Kilometer lang, 22 Kilometer breit; in einem einzigen Tagesmarsch zu durchqueren, wenn da der Dschungel nicht wäre und die Sümpfe. Keine Bodenschätze, keine Gewürze, nicht einmal genügend Trinkwasser. Ein paar Malayen leben in primitiven Pfahlbaudörfern. Das Klima ist feuchtheiß und regnerisch und natürlich malariaverseucht.

So uninteressant präsentierte sich die Singapur-Insel dem englischen Seefahrer Stamford Raffles, als er im Januar 1819 in der Mündung des Singapore-Rivers vor Anker ging. Mit dem Scharfblick eines britischen Kolonialoffiziers erkannte er, daß in dem rohstoffarmen Land dennoch Kapital steckte – in seiner geographisch-strategischen Lage! Singapore beherrscht nämlich an der Nahtstelle zwischen indischem und pazifischem Raum die Meere.

Der Ausbau zu einer britischen Seefestung begann, und heute hat sich Singapur zum reichsten Land Südostasiens gemausert, zur internationalen Drehscheibe des Flug- und Schiffsverkehrs. Geschaffen wurde das Wirtschaftswunder des Stadtstaates vom ehrgeizigen Premier Lee-Kuan-Yew und den 2,5 Millionen Einwohnern, von denen drei Viertel Chinesen sind. Dieser große Bevölkerungsanteil war letztlich auch der Grund, warum Singapur 1965, nach knapp zwei Jahren Zugehörigkeit zu Malaysia, die malayisch dominierte Föderation verließ und sich für politisch selbständig erklärte.

Über einen langen, sechsspurigen Damm bringt mich der Bus vom malayischen Festland auf die Insel. An der Grenzkontrolle kleben Warnplakate, die Langhaarigen und Vertretern der Hippie-Zunft keine Einreisechance geben. Das Paradies hat Vorschriften. Nun, ich habe meine sowieso nicht sehr langen Haare in Malakka hitzehalber noch weiter stutzen lassen, so daß ich den prüfenden Blicken standhalte. Aber der Mann vor mir, ein Australier, wird gründlichst kontrolliert und sein Rucksackinhalt bis auf die letzte Socke durchsucht. Drogen sind streng verboten. Wer damit erwischt wird, muß mit Gefängnis oder sogar Todesstrafe rechnen.

Was macht nun ein Rucksackreisender als nächstes? Er versucht, ein gutes Flugticket für die Weiterreise zu ergattern. Da gibt es eins, das von Singapur-Jakarta-Neukaledonien-Sydney-Neuseeland-Tahiti bis nach Los Angeles gilt und umgerechnet nur etwa DM 1300 kostet. Das ist genau das, was ich suche! Nun noch den billigsten Anbieter unter den vielen Reisebüros herausfinden! Per Telefon geht das ja alles hervorragend. Beim Kauf ergab sich allerdings das Problem, schon jetzt im voraus die ganze Strecke durchbuchen zu müssen, d. h. die jeweiligen Abflugtermine festzusetzen, ohne zu wissen, wie lang man nun in diesem oder jenem Land bleibt. Aber man kann diese Daten ja unterwegs wieder ändern, nur muß man dann vielleicht mit ausgebuchten Maschinen rechnen. Und das trat später auch ein paarmal ein.

Mit dem Ticket in der Tasche genieße ich nun das „zivilisierte" Leben, zumal es sicherlich das letzte Mal für die nächste Zeit sein wird. In Indonesien werden mich andere Zustände erwarten, wie ich gehört habe. Und an Neuguinea will ich noch gar nicht denken. Alles funktioniert so schön: Wasser kommt aus der Dusche, Telefonverbindungen sind in Ordnung, Busse fahren pünktlich. Es tut gut, wieder einmal in der Anonymität einer Großstadt unterzutauchen. Ausländer und Eurpäer im Straßenbild dieser internationalen Stadt sind nichts Ungewöhnliches, während man woanders dauernd angesprochen und ausgefragt wird.

Singapur ist übrigens eine sehr umweltbewußte Stadt. Ein achtlos weggeworfenes Stück Papier oder eine Zigarettenkippe kann bis zu 500 Singapur-Dollar Strafe kosten. Und Rauchverbot gilt für alle öffentlichen Gebäude, Verkehrsmittel, Restaurants und dergleichen. Natürlich ist auch die Zigarettenreklame verboten. Das autoritäre Regierungssystem sorgt rigoros dafür, daß die Bestimmungen eingehalten werden.

Die „Stadt der Schiffjungenträume" würde ein alter Fahrensmann sicherlich nicht wiedererkennen. Zwar stehen noch viele der verschnörkelten Kolonialbauten im viktorianischen Stil, doch Glas, Beton und Stahl sind im Vormarsch. Riesige Shopping-Arkaden und modernste Hotelsilos drängen sich dicht an dicht. Der größte Reiz dieser Stadt liegt aber in dem zollfreien Einkaufen, dem Singapur letztendlich den Wohlstand verdankt. Millionen werden alljährlich davon angelockt, die Welt steht Schlange vor Chinesenläden. Das war wohl immer der Traum des geschäftstüchtigsten Volkes der Erde! Keine Ware der Welt – in erster Linie natürlich die Luxusgüter –, die hier nicht zu erhalten wäre. Und zwar erheblich billiger als anderswo – aber auch nur, wenn man die Preise kennt und zu handeln versteht! Und das ist mit Chinesen nicht

Der Nachtmarkt von Singapur

Auch Singapur hat seinen „Besen-Jakob"

immer leicht. Man sieht's den Käufern an. Mit gequälten Gesichtern laufen sie sich die Hacken ab, um durch Preisvergleiche das günstigste Angebot für die neue Spiegelreflexkamera herauszufinden. Kehren sie dann anderntags zum billigsten Anbieter zurück, ist der jedoch nicht bereit, die Ware – weder zu dem genannten noch zu einem höheren Preis – zu verkaufen. Warum nur? „Wenn der Kunde wiederkommt, bedeutet das für den Händler, daß er offenbar der billigste ist, was er aber nicht sein will. Verkauft er trotzdem, gibt er indirekt zu, auf das Geld angewiesen zu sein, und das heißt für manchen wiederum, sein Gesicht zu verlieren", wurde in meinem Hotel philosophiert, als wir Erfahrungen austauschten. „Am besten bei einem günstigen Angebot gleich den Kauf perfekt machen."

Hat einem das Handeln die letzten Reserven geraubt, so kann man auf den zahllosen „food-markets" wieder auftanken, richtig auf den Genußtrip gehen. Wie heißt doch ein Sprichwort? „Wenn die Europäer in den Zoo gehen, überlegen sie, woher die Tiere kommen. Die Chinesen überlegen, wie man sie zubereiten könnte." Die Angst, von einer Fernostreise abgemagert zurückzukommen, ist unbegründet. Die gut gewürzten Nudelsuppen, mit ein paar Häppchen Huhn, Ente oder Krabben als Einlage, das süßsaure Schweinefleisch mit geröstetem Reis, die Bambussprossen, Sojabohnen und die ganze Skala exotischer Ingredienzen belasten den Magen oft bis an die Grenze seiner Kapazität. Zwar ist alles ein bißchen teurer als in Malaysia und Thailand, dafür aber auch bestens zubereitet und sauber. Längst habe ich auch gelernt, statt der Gabeln die „chop-sticks", die Eßstäbchen, zu gebrauchen.

Auch Singapur hat, wie jede südostasiatische Stadt, sein

Chinesenviertel, so seltsam das in einer fast nur von Chinesen bewohnten Stadt auch klingen mag.

„Noch schnell besichtigen und fotografieren, bevor auch hier die Bulldozer wüten und Wolkenkratzer hochgezogen werden", wird geraten. Es ist jener halbe Quadratkilometer in Hafennähe, wo noch ein Hauch des alten Singapurs zu spüren ist: Domino wird gespielt, Schattenboxen geübt, Schlangen werden gehäutet, und mancher Händler rechnet statt mit dem Elektronenrechner noch mit dem Abakus, der uralten chinesischen Kugelrechenmaschine. Das Leben spielt sich größtenteils auf der Straße ab. Abends ist die ganze Szenerie vom Karbidlampenschein beleuchtet, Kassettenmusik kreischt aus aufgedrehten Verstärkern, und alles setzt sich zum Essen oder einem Plausch zusammen.

Im Hexenkessel von Jakarta

Die DC 9 der französischen UTA landete auf Jakartas internationalem Flughafen Halim mitten in der Nacht. Es war nur ein kurzer Hopser von etwa einer Stunde gewesen, und zum Leidwesen der vielen Rucksackreisenden, die sich schon auf ein opulentes Bordmenü eingestellt hatten, wurden nur ein paar trockene Kekse gereicht. Ich schloß mich ein paar Holländern und Engländern an, die schon Jakarta- und Indonesien-Erfahrung hatten. Zu fünft mieteten wir ein Taxi und fuhren damit zu einer *jalan* (Straße), in der sich mehrere billige *losmen*, also kleine Gästehäuser, befanden. Viel konnte ich bei der Nachtfahrt nicht erkennen, doch der Kontrast zu dem reichen Singapur war auch im Dunkeln zu bemerken.

In dem losmen wohnten fast nur Europäer und Amerikaner. Erstaunlich, wie die Buschtrommel funktioniert und alle Vagabunden immer wieder zusammenfinden. In den Gästebüchern und Erinnerungsalben des losmen spiegelt sich Glanz und Elend des Globetrotter-Daseins wider: Da ist die Rede von tagelangen Bustouren durch den Dschungel, von verlorenen Kameras und Traveller-Checks, von korrupten Beamten bei der Verlängerung des Visums. Aber auch von den schönen Seiten des Reisens: einsame Dörfer mit netten Leuten und warmen Quellen beim morgendlichen Bad, abenteuerliche Fahrten zu den unzähligen Inseln Indonesiens und nicht zuletzt jede Menge Tips für losmen und Restaurants, nicht nur in Indonesien, sondern in allen Ecken der Welt. So empfiehlt einer, in Taipeh ins Chi-Yen-Yong zu gehen – die chinesischen Zeichen hatte er säuberlich hingemalt –, um dort billigst und bestens Peking-Ente zu essen...

Wenn man in einer größeren Stadt ankommt, dauert es immer einen halben oder ganzen Tag, bis man sich einen Stadtplan besorgt oder sich sonstwie einen Überblick verschafft hat. Dann kann man abschätzen, welche Entfernungen zu Fuß zu bewältigen sind und wann man besser die öffentlichen Verkehrsmittel benutzt. Hat man dann die ersten schönen Plätze ausfindig gemacht, ein gutes Mahl im Magen und die nächsten netten Leute getroffen, beginnt man, sich heimisch zu fühlen. Das Stadtbild erscheint vertrauter, und man nimmt jetzt die versteckten kleinen Schönheiten wahr. Doch in Jakarta fällt dies, offen gestanden, schwer: Die 5,5-Millionen-Stadt, die mehr in die Breite wucherte als in die Höhe schoß, tönt und dröhnt, daß einem die Trommelfelle flattern. Auf mehr-

Gleich hinter den Prunkbauten die Elendsviertel von Jakarta

spurigen Express-Highways schiebt sich eine stinkende und knatternde Blechlawine entlang, und überall zeigen sich krasse Unterschiede zwischen Arm und Reich. Die Fassaden neuer Bürohochhäuser und die protzigen Denkmäler vermögen die vielen Elendsviertel nur ungenügend zu verdecken, die an stinkenden Kanälen liegen. Kein Wunder, daß die meisten Globetrotter wegen dieser Zustände – und wegen des höllisch schwülen Klimas – gleich weiterfahren. Ich jedoch muß notgedrungen noch einige Tage hierbleiben, um Behördengänge zu erledigen.

Beim Geldwechsel wurde ich beinahe Millionär! Für die umgewechselten 1500,– DM schob man mir etwa 450 000 Rupiahs über den Banktresen! Ich hätte gut einen Handwagen brauchen können! Indonesien ist ein Land mit hoher Inflation und Arbeitslosigkeit. Zur Demonstration der Einkommensverhältnisse hier zwei Beispiele: Ein Handlanger verdient ungefähr 800 Rp pro Tag, das sind etwa 2,40 DM, eine Hausangestellte etwa 10 000 pro Monat bei freiem Essen und Schlafen. Eine Übernachtung in einem losmen kostet etwa 400 bis 600 Rp, also 1,20 bis 1,80 DM, eine Mahlzeit zwischen 60 Pfennig und 1,50 DM.

Das viele Geld brauchte ich also nicht für Unterkunft und Verpflegung, sondern für die teuren Flugtickets. Ich wollte von Bali über Sulawesi nach Irian Jaya (das ist der indonesische Teil von Papua-Neuguinea) und dann weiter nach Papua-Neuguinea fliegen. Damit war die Hälfte des Geldes schon weg. Für den Besuch von Irian Jaya mußte ich mir ein *Surat Jalan* holen, eine Art Genehmigung. Denn die Indonesier schauen sich die Leute etwas genauer an, die sich dort hinten, im letzten Wagen des langen indonesischen Zuges, 4000 Kilometer von Jakarta entfernt, herumtreiben wollen. Man fürchtet in dieser 1962 von den Holländern übernommenen Kolonie Unabhängigkeitsbestrebungen. Und davon soll nichts nach außen dringen. Mich führten allerdings nicht berufliche, sondern ganz persönliche Gründe dorthin, ich wollte Freunde besuchen. Und zwar lebt in Jayapura eine Bekannte aus meiner Heimatstadt, die mit einem indonesischen Arzt verheiratet ist. Es ist immer gut, auf einer langen Reise von Zeit zu Zeit solche „Stützpunkte" anlaufen zu können, wo man die Möglichkeit hat, sich zu regenerieren oder Post in Empfang zu nehmen. Ich packte daher alles vorerst Überflüssige, also z. B. Unterlagen über Papua-Neuguinea und Australien, Kleidung und einen Packen billig gekaufter Filme aus Singapur in ein Paket und sandte es nach Jayapura. Ein wesentlich leichterer Rucksack begleitete mich von nun an.

Auf meiner Jagd nach Papieren vertraute ich mich Jakartas „Feinverteilern" an, den Töff-Töff-Taxis und Rikschas, von denen es Tausende gibt. Die motorisierten nennt man hier *bemo*, *oplet* und *helicat*. Die abenteuerlichste Version dieser umgebauten Motorroller sind jene, in denen man vorne in einer abgeschlossenen Kabine hinter grün-blinden Plastikscheiben sitzt und der Fahrer hinter einem auf dem Fahrbock thront. „Rasende Eier" taufte ich sie, wegen ihrer Eiform, und ich kann nach all meinen Verkehrserfahrungen nur sagen: nichts für Leute mit schwachen Nerven! Alle, auch die Taxis, sind im Preis durchaus erschwinglich, man muß nur darauf bestehen, daß die Zähluhr eingeschaltet ist oder der Preis im voraus ausgehandelt wird. Der einzige Lichtblick in diesem bro-

Verkehrsmittel in Jakarta: Fahrrad, helicat und bemo

Die Durian-Frucht ist die „Königin der Früchte"

delnden, stinkenden Kessel waren die unzähligen Früchte, die ich in Jakarta kennenlernte. Auf den Märkten bogen sich die Stände der Händler davon. Ananas, Bananen, Orangen – pah, wie langweilig! Ich griff viel lieber zu den saftigen Mangos, den Litschies, Jackfruits, Rambutans, den berühmten Mangostanfrüchten oder der Durian, „Königin der Früchte" genannt. Manche nennen sie auch respektlos „Stinkfrucht", weil sie so penetrant riecht. Es ist die einzige Frucht, die man auch in Indonesien teuer bezahlen muß, und ich ließ mir auf den Märkten von einem Kenner durch Nasenriechen die richtigen Reifegrade heraussuchen. Man braucht zum Öffnen dieser kürbisgroßen Frucht ein kräftiges Messer. Im Innern verbirgt sich weißes, cremiges Fruchtfleisch, das man von den Kernen lutscht. Geschmacksrichtung: Cognaccreme (aber nur, wenn man die richtig gereifte Frucht erwischt hat!).

Indonesien hautnah

Bandung empfand ich nach Jakarta als nahezu paradiesisch, schon klimatisch ist es durch die Höhenlage weit erträglicher. Ein dermaßen dichtes Gewimmel von Rikschas – in Indonesien *becaks* genannt – habe ich noch nie erlebt! Ein wüstes Gewirr von Beinen, Rädern und knallbunt bemalten Fahrzeugen. Die Fahrer kümmern sich herzlich wenig um eine Verkehrsordnung, ein Becak-Fahrer hat immer Vorfahrt! Den Grund dieser Fahrradinvasion erfuhr ich auch: Da aus Jakarta eine immer größere Anzahl der Beinstrampler verbannt werden, müssen sich die Männer nach neuen Verdienstmöglichkeiten umsehen. Und die finden sie in Bandung, weil es die nächste Großstadt nach Jakarta ist. „Becakland" nennt man deshalb auch die Stadt und ihr Umland.

Ich stelle mir vor, wie es wäre, wenn ich in einer der indonesischen Großstädte immer leben müßte, mit all der

becaks – wohin das Auge blickt

Armut und dem Elend. Ich glaube kaum, es lange aushalten zu können, obwohl ich festgestellt habe, gegenüber manchem doch abgestumpft zu sein. Man sieht schon gar nicht mehr die bettelnden Kinder, die Krüppel an ihren Krücken, und man denkt kaum daran, welche Schicksale sich hinter all diesen vielen Gesichtern verbergen. Tausende von Menschen sind in die Städte geströmt, weil sich hier ein paar hundert Rupiahs leichter als auf dem Dorf verdienen lassen. Der Lebens- und Überlebenskampf ist hart. Man kann genau beobachten, wie die Arbeitshierarchie sich aufbaut: die jüngsten Kinder spielen Platzanweiser für parkplatzsuchende Autos oder betätigen sich als Schirmträger, wenn man vom Taxi steigt und es regnet. Ein paar Jahre später binden sie sich Pappschachteln als

Bauchläden um oder eröffnen ein „Geschäft" mit einem Brett voller Krimskrams. Oder man steigt mit einem fahrbaren Küchenstand in die Gastronomie ein. Und wer es mit diesem *warung* dann nicht schafft, wird eventuell Becakfahrer.

Die Strecke Bandung-Jogjakarta wollte ich nicht, wie sonst immer, mit dem Bus, sondern mit dem Zug fahren. Leider mußte ich dazu schon sehr früh aufstehen, denn der Zug ging schon um halb sechs. Da man keine Karten im voraus kaufen kann, empfiehlt es sich dringend, schon lange vor Abfahrt am Bahnhof zu sein, denn als billigstes Verkehrsmittel sind die Züge in Indonesien immer restlos überfüllt. (Bandung – Jogjakarta: ca. 400 km für umgerechnet 3,50 DM, III. Klasse!)

Ich kämpfte mich in dem wirren Menschenknäuel bis zum Schalter vor und hatte Glück, noch einen Platz zu bekommen. Mit langer Verspätung („Gummizeiten" nennt sich so was) setzte sich der Bummelzug in Bewegung. Die Luft war so früh am Morgen noch ganz klar und gab den Blick auf die Vulkane Zentraljavas frei. Das Land leuchtete nach Einsetzen der Regenzeit in einem saftigen Grün. Männer, Frauen und Kinder arbeiteten in langer Reihe im Licht der Morgensonne nebeneinander in den Reisfeldern. In den noch unbepflanzten Feldern zogen die Wasserbüffel gemächlich ihre Pflugbahn. Alles blickte auf, wenn der Zug vorbeikam, eine willkommene Verschnaufpause. Kleine Kinder versuchten, neben dem langsam fahrenden Zug entlangzurennen und ein paar Münzen zu erbetteln. Hielt der Zug an einer Station, wurde er von fliegenden Eis-, Obst-, Getränke- und Essensverkäufern gestürmt, die durch die Gänge schwärmten und lautstark ihre Waren anpriesen.

„Es, es, es", schrien sie, „Eis, Eis, Eis", oder „Telur" (Eier), jedes Wort dreimal rufend, wobei sie beim letztenmal die Stimme heben.

Die Diesellok röhrte weiter in den Tag hinein. Manchmal durchpflügten wir übermannshohes Gras. Wich es zur Seite, blickte man auf kleine Dörfer und Täler. Einige Kilometer vor Jogjakarta rannte plötzlich eine Menge Burschen das Gleis entlang und sprang schließlich auf den fahrenden Zug auf! Sie rannten durch die Abteile und stürzten sich wie die Geier auf die Gepäckstücke der Reisenden! Ich begriff nicht gleich, daß diese Burschen sich als Gepäckträger andienen wollten, und, um die große Konkurrenz am Bahnhof auszuschalten, schon vorher mit den Passagieren handelseinig werden.

Auch die Rikschafahrer, die am Bahnhof den Zug abwarteten, hofften auf ein gutes Geschäft. Sie wußten

Ein Reisbauer pflügt sein Feld

Im „Superman's", Treffpunkt der Globetrotter

auch genau, wo sie die europäischen Reisenden hinzukarren hatten: in die losmen von „Gang I" und „Gang II", ganz in der Nähe der Hauptstraße „Maliboro". Die „Gangs" sind nur etwa zwei Meter breite „Straßen", an denen sich rechts und links die losmen reihen. Fast alle sind mit Familienanschluß, denn die Räume werden vermietet, um die Haushaltskasse ein wenig aufzubessern. Es sind keine Unterkünfte für Verwöhnte: Die Räume sind klein, dunkel und haben papierdünne Wände, durch die man jeden Schnarcher des Nebenmannes hört! Die Preise bewegen sich zwischen 1,– und 1,50 DM, einschließlich Tee.

Die kleinen Familien-Restaurants sind schon sehr auf „western food" eingestellt, aber mit indonesischen Zutaten und auf indonesische Art zubereitet schmecken die Gerichte ausgezeichnet! Brechend voll ist es jeden Tag im „Superman's" oder bei „Mama's".

Ich miete mir ein Fahrrad und mache Stadtexpeditionen. Anders kann man diese Fahrten nicht bezeichnen, da man regelrecht in einem Strom von Rikschas, Bemos und Motorrädern schwimmt. In einem gemächlichen Tempo bewegt man sich vorwärts, wobei man aber nie das Gefühl hat, daß etwas passieren könnte, weil jeder aufpaßt und ausweicht, auch wenn er im Recht ist. Ein solcher Verkehr wie hier würde zu Hause zu einem Blutbad führen! Unten an der Maliboro, zwischen dem Postamt und der Bank von Indonesien, teilt sich der breite Strom an einem großen Kreisverkehr. Jetzt sind alle Fahrzeuge, die in der Maliboro in „motorisiert" und „nichtmotorisiert" unterteilt waren, wieder zusammen. Ich schlängle mich in der Mitte durch, radle zwischen ständig hupenden Bemos und stinkenden Motorrädern links an der Säule in der Mitte des Kreises vorbei und dann weiter geradeaus zum Palast, zum Kraton, hinunter. Vorsicht an der nächsten Querstraße – hier rasen die Mopeds ziemlich schnell in die geradeaus führende Straße zum Kraton! Vorfahrtsregeln gibt es nicht! Vor dem Haupttor des Sultanspalastes geht es rechts ab und dann durch ein Tor links hinein in die Altstadt, wo der Verkehr abflaut. Erst am Vogelmarkt verdichtet er sich wieder zu einem Gewimmel, weil hier die vielen Becaks stehen, die auf Kundschaft vom Markt warten. Dann radle ich in flottem Tempo an der weißgekalkten Mauer des Palastes entlang bis zum Eingang des Wasserschlosses Taman Sari, wo eine neugierige Gruppe von Touristen den Malern zuschaut, die ihre Ateliers ins Freie verlegt haben.

Mehr als in irgendeiner anderen Stadt auf Java kann man

Auf dem Vogelmarkt von Jogjakarta

in „Jogja" die alten indonesischen Künste erleben. Batiken, Gamelanmusik, Tänze, Malerei, Puppen- und Schattenspiele, Theater – all das läßt sich hier an den Quellen studieren und entdecken. Zwei Dinge haben es mir angetan: Die Schattenspiele, *wayang kulit* genannt, und die Kunst des Batikens. Wayang kulit ist das Spiel mit den flachen Lederpuppen mit den beweglichen Armen, die so fein wie Brüsseler Spitze gearbeitet und so akkurat wie ein Schmetterlingsflügel bemalt sind. Für die Aufführung werden eine weiße, aufgespannte Leinwand mit einer Lichtquelle, Gamelan-Gongs für die Musikuntermalung und ein Puppenspieler, der *dalang*, benötigt. Der dalang sitzt auf dem Boden und bewegt vor der Leinwand die Puppen. Man kann das Spiel von zwei Seiten aus beobachten: Entweder auf der Vorderseite, wo man den dalang, die farbigen Puppen und das Gamelan-Orchester im Blick hat, oder auf der Rückseite, wo die scharfkantig schwarzen Puppenschatten in geisterhaft verschwommenen Grautönen zu sehen sind. Gespielt werden uralte Epen, zum Beispiel das *Ramayana*. Der dalang ist ein Meister der Rezitation und Improvisation. Als Regisseur, Redner, Komödiant und Erzähler in einem gibt er den Puppen nicht nur ihre Stimmen, sondern er dirigiert auch noch nebenher das Gamelan-Orchester. Berühmte dalangs locken Hunderte von Zuschauern an. Die Vorstellungen beginnen spätabends und dauern bis zum Morgengrauen!

Eine andere Spezialität Jogjas ist das Batik-Kunstgewerbe. Ich mußte meinen Blick für Gutes und weniger

Wayang-kulit-Aufführung mit Gamelan-Orchester

Ein kunstvolles Batik-Muster

Eine Frau beim Vorzeichnen des Batik-Musters

Kunstvolles zuerst einmal schärfen lernen. Wer nicht aufpaßt, wird leicht von einem der vielen Schlepper, die sich der arglosen Touristen annehmen, in einen Laden geführt und dann übervorteilt. Bei Batik-Künstlern, in kleinen Fabriken und auch in einem besonderen Batik-Museum kann man sich einen Überblick über die erstaunliche Vielfalt der Farben und Muster machen. Fast immer ist das Vorzeichnen mit dem Wachsgriffel Frauenarbeit, das Färben Männersache. Dunkelblau, braun, blau und weiß sind die traditionellen Farben, und je mehr davon eingefärbt wird, desto wertvoller ist das Stück. Am begehrtesten sind die handentworfenen Muster.

Die Kunst des Handelns

Kaufen und Handeln, dafür braucht man in ganz Südostasien viel Geduld und Erfahrung. Die Feilscherei brachte mich manchmal an den Rand des physischen und psychischen Zusammenbruchs! Besonders schwierig ist das mit den Frauen, die immer ihre Großfamilie ins Spiel bringen. Wer die orientalische Mentalität – die ja bis nach Indonesien reicht – nicht kennt, wird leicht weich. Man muß die richtige Technik anwenden: sehr höflich sein, immer lächeln, gleichzeitig aber ganz hart verhandeln. Es gilt die Regel: Touristen sind dazu da, ausgenommen zu werden, denn sie schleppen soviel Geld mit sich herum, wie ein armer Indonesier wahrscheinlich niemals haben wird – was in den meisten Fällen ja auch zutrifft. Trotzdem ist das Gefühl unangenehm, dauernd übers Ohr gehauen zu werden, und um diese Fälle in Grenzen zu halten – ganz vermeiden kann man das nie –, will ich im folgenden einige praktische Ratschläge geben:

1. Kauftaktik: Sie kann fast überall mit einigem Erfolg angewandt werden und ist besonders dem Anfänger zu raten. Sehr bewährt auf Märkten, wenn man etwa Früchte kaufen will. Man erfragt zunächst den Preis für eine – sagen wir einmal – Mango und hört, daß er 25 Rupiah beträgt. Darauf sagt man nun: „aduh"! – was soviel heißt wie: „Jesus Maria, was für ein Halsabschneider-Preis!" Die Marktfrau, um ihr Geschäft bangend, wird nun ihrerseits fragen, wieviel man denn bereit wäre zu geben. Nun kann man ohne weiteres zwei Früchte nehmen und

dafür 25 Rupiah anbieten. Die Marktfrau wird dies natürlich entrüstet ablehnen, worauf man die Früchte wieder in den Korb legt, die Münze aber noch in Sichtweite der Frau hält, den verführerischen Glanz des Geldstücks einkalkulierend. Wenn man sich zum Gehen wendet, wird sie höchstwahrscheinlich beschwichtigend abwinken – „so war das doch nicht gemeint mit dem Preis..." – und die Früchte herüberreichen. Klappt die Sache nicht, probiere man es beim nächsten Stand. Ein wiederholter Mißerfolg kann sowohl daran liegen, daß man seine Rolle nicht überzeugend spielt, als auch daran, daß der durchschnittliche Marktpreis tatsächlich bei 25 Rupiah pro Frucht liegt. Zeit und Geduld sind in jedem Fall wichtige Voraussetzungen für den Erfolg.

2. Dienstleistungstaktik: Nehmen wir an, daß der Reisende mit dem Bus oder Zug in einer völlig fremden Stadt ankommt, die Adresse eines Hotels oder Freundes aus der Tasche zieht und nun vor der Aufgabe steht, zu dem Haus oder dem Wohnort des Freundes zu gelangen. Nichts einfacher als das: Kaum hat man den Bahnhof oder den Bus verlassen, wird man sofort von einer Meute Becakfahrer umlagert, die ihre Dienste anbieten. „Mister, mister, come to me!" Der Preis für Becaks liegt etwa bei 50 Rupiah pro Kilometer. Aber als Tourist ist es fast unmöglich, diesen Preis zu bekommen. Und woher soll man auch wissen, wie weit das Ziel weg ist? Die einzige Chance, den Preis einigermaßen erträglich zu halten, besteht darin, die Fahrer, die meist in einer langen Reihe auf eine Fahrt warten, gegeneinander auszuspielen. Ihr anfängliches Angebot von 500 Rupiah hat man schnell als lächerlich abgetan und auf 300 gedrosselt. Nun ist es an der Zeit, seinerseits einen Preis zu nennen. Mit 50 Rupiah erntete ich stets nur

Gelächter, mit 100 Rupiah ging ich dann von Fahrer zu Fahrer. Es gilt, die solidarische Front auf weiche Stellen abzuklopfen. Einer ist dann meist darunter, der hinterhergelaufen kommt und 150 bietet.

3. Größere Einkäufe: Hier ist es zunächst wichtig, möglichst die ganze Auswahl des Geschäfts zu besichtigen, seine indonesischen Zahlenkenntnisse hören zu lassen und freundschaftliche Kontakte zum Ladeninhaber zu knüpfen – denn er kann weiter mit dem Preis heruntergehen als seine Angestellten – und ganz den Eindruck eines altgedienten Indonesienreisenden zu machen, für den derartige Einkäufe das tägliche Brot sind. Man wähle ein Stück, zum Beispiel ein schönes Batik-Hemd oder einen Sarong, aus und erfrage den Preis. „Was, 3000 Rupiah, viel zu teuer! What's your last price?" Dieser „letzte Preis" ist keineswegs der letzte, sondern nur ein Gradmesser für die Härte des Verhandlungspartners. Beträgt der Abschlag in diesem Fall zum Beispiel 800 Rupiah, kann man sich auf einen Endpreis von 1000 Rupiah einstellen. Beträgt er weniger, ist der Verkäufer weniger weich. Man kann ihn sein Gesicht wahren lassen, indem man nach einem „student discount" fragt. Erfolgt keine Einigung, kommt die entscheidende Phase: Man muß zwar einerseits den Eindruck der Kaufinteressiertheit machen, darf aber andererseits auf keinen Fall auf das gute Stück versessen sein. Das merkt der Verkäufer sofort und er hält den Preis eisern hoch! Nein, jetzt heißt es, alle asiatische Ruhe und Gelassenheit ausspielen, die man sich inzwischen angeeignet hat, sich zu einem Tee einladen zu lassen und einen gemütlichen Schwatz über Gott und die Welt zu halten. Allmählich wird sich das Gespräch dann wieder dem Kaufobjekt zuwenden und man wird aufgefordert, seinen

Preis zu nennen. Dem Gefühl nach müßte er da liegen, wo es auch noch für den Verkäufer interessant ist, aber eher zu niedrig. Sein Angebot wird nun kaum wesentlich darüber liegen, und man kann sich in der Mitte treffen. Wem allerdings Handeln keinen Spaß macht, dem werden die notwendige Ausdauer oder Gelassenheit schwerfallen.

Als ich eines Tages in der Maliboro-Straße in einem Eßlokal beim *makan siang,* beim Mittagessen, saß und meinen *teh susu,* Tee mit Milch, dazu trank, kamen zwei Leute herein, die ich sofort wiedererkannte.

„Hallo, Christoph, Marianne", rief ich, „seid ihr denn auch hier?"

„Ja was, Helmut, so ein Zufall!"

So überraschend dieses Wiedersehen auch war, rechnen kann man – besonders auf der „Rennstrecke" Bangkok–Bali – immer damit. Und das macht ja auch das Leben eines Globetrotters so reizvoll. Die beiden wollten jetzt nach Bali reisen, dann wieder zurück nach Jakarta und weiter nach Australien. Sie hatten sich das gleiche Ticket wie ich gekauft!

„Also bestehen alle Chancen für weitere Treffen", stellte Marianne fest, „das wird nett. Sollten wir uns nicht gleich für Bali verabreden?"

Eine gute Idee. Wir vereinbarten, daß der zuerst Ankommende eine Nachricht postlagernd in Denpasar, Balis Hauptstadt, hinterlassen sollte.

Diese Begegnung geschah Anfang Dezember, und fast hätte man vergessen, daß bald Weihnachten vor der Tür stand. Wie es jetzt zu Hause war, konnte man sich, in der tropischen Hitze schmachtend, kaum vorstellen. In Geschäften und Restaurants waren Spruchbänder mit

„Happy Christmas" aufgespannt und kleine Plastiktannenbäumchen mit bunten Lichtern aufgebaut. Jeden Abend kam eine alte Frau ins losmen und zupfte auf einem Eigenbauinstrument „Stille Nacht, heilige Nacht!" Auf indonesisch natürlich, aber man konnte fast Heimweh bekommen. In Jogja ließ ich auch mein Visum verlängern. Das erschien mir nach den Erzählungen anderer günstiger als auf Bali, wo die „imigrasi"-Beamten recht pedantisch sind und man genügend Geld für seinen Aufenthalt vorweisen muß. Wer leicht zerfleddert mit freiem, braungebranntem Oberkörper erscheint, erreicht gleich gar nichts. Selbst als einfacher Tourist wird man in Indonesien bzw. in ganz Südostasien als Angehöriger einer wohlhabenden Oberschicht betrachtet und das Unverständnis gegenüber nachlässig gekleideten oder gar verschmutzten Touristen ist groß. Dieser Punkt wird, nach meinen Beobachtungen, von vielen Reisenden viel zu wenig beachtet.

Eine Bitte um Verständnis

Mit jedem Tag wurde mir nun das Leben in Indonesien vertrauter. Am Anfang war noch alles fremd, und ich fühlte mich manchmal unsicher, aber jetzt hatte ich mich eingelebt und konnte die Eindrücke besser aufnehmen und verarbeiten. Java kennenlernen, das heißt vor allem seine Menschen kennenlernen. 80 Millionen drängen sich auf dem Eiland, das halb so groß ist wie die Bundesrepublik. Die Ankunft eines Fremden ist Unterhaltung, ein Ereignis, das den eintönigen Tagesablauf würzt. Dauert so ein Schwätzchen länger als zwei Minuten, wird man unweigerlich nach dem Alter des Vaters und der Mutter, der Anzahl der Geschwister und ähnlichem gefragt. „Was, 33 bist du, und noch nicht verheiratet? Warum nicht?" Und: „Hello, Mister, where do you come from?" so haben die Kinder, die Jugendlichen gefragt, wenn wir in einem kleinen Dorf oder in einer Großstadt aus dem Bus stolperten.

Ihr habt euch an uns gehängt und mit euren Englischkenntnissen versucht, euer Wissen über fremde Menschen und Länder zu erweitern. Was ihr nicht wissen konntet und was euch stutzig und ratlos machte: daß wir hundemüde waren, daß wir zehn, zwölf Stunden verschwitzt auf harten, engen Sitzen geklebt hatten, durchgerüttelt von dem ständigen Härtetest für Kreuz und Bandscheiben. So standen wir da, mit einem dumpfen Gefühl der Aggression, und sahen uns euch gegenüber. Ihr kamt in Scharen, es gab kein Ausweichen, wir mußten eure stereotypen Fragen anhören, es fiel schwer, dem Kichern und der Dreistigkeit mit Ruhe zu begegnen. Uns war nicht nach Reden und Freundlichsein zumute, sondern eher nach Schreien und Zerstören. Doch – wer von euch konnte das schon wissen? Dabei waren doch eure Fragen nur Ausdruck eurer Situation: Wie kann man so lange herumreisen? Sie sind sehr reich, Mister? Was kostet ein Ticket von Deutschland nach Indonesien? Nur wenige von uns gestehen sich beschämt ein, daß wir sehr reich sind, daß wir herumreisen können, die Welt erleben, wo immer wir auch nur hin wollen, und daß man dafür im Verhältnis zu euch kaum arbeiten muß. I have no money to go to school, Mister – wer von uns weiß das schon, wie das ist, wenn man lernen möchte und nicht kann. Nach der Grundschule von ein paar Jahren heißt es für die allermeisten von euch: arbeiten! Geld verdienen! Sich als Eisverkäufer, Bemo-Schaffner oder Gelegenheitsarbeiter durchschlagen, um die zwei- bis dreihundert Rupiah zum täglichen Überleben zu verdienen. 44 Prozent der mehr als 140 Millionen Indonesier sind jünger als fünfzehn Jahre! Eigentlich hättet ihr allen Grund, rauh und unfreundlich zu uns zu sein bei einem solchen Leben ohne Aussicht auf Besserung, aber im Grunde wart ihr doch stets freundlich und hilfsbereit. Ihr nehmt das Leben leicht, trotz der düsteren Zukunft.

Die Strecke von Semarang über Kudus nach Surabaja führt größtenteils am Meer entlang. Ein schöner Küstenstrich, der aber gar nicht mehr in die romantischen Vorstellungen vom „Weißen Strand von Surabaja" paßt, wie mal in den fünfziger Jahren ein Schlager hieß. Statt der Romantik Realität: viel Armut, viel Elend, so die Slums von Surabaja. Die Wellblech- und Holzhütten ziehen sich an stinkenden Kloaken entlang, in denen die Menschen schwimmen und sogar das Wasser trinken. Aber wer als Kind überlebt hat, dessen Magen scheint gegen alles gefeit zu sein. Bilder wie diese lassen einen erschrecken, aber auch abstumpfen. Ich hielt mich in Surabaja nur so lange auf, wie nötig war, um mit dem nächsten Bus wieder herauszukommen, der mich zur Fähre, mit der ich nach Bali übersetzen wollte, brachte.

Opfer einer Diebesbande

Ich weiß von Leuten, die für Indonesien sechs Wochen einplanten, mit Bali begannen, dort fünf Wochen blieben! Bali, die wohl bekannteste Insel Indonesiens, ist in gewisser Weise schon der Beginn der Südsee: Traumstrände und Auslegerboote, Bamboo-Bungalows und Kokospalmen, Männer in bunten Lendentüchern und Mädchen mit Blumen im Haar. Wer die lärmenden Städte Javas hinter sich gelassen hat, glaubt, dem Paradies ein bißchen näher gekommen zu sein. Sattgrüne Reisterrassen überall. Bauern mit Holzpflügen und Wasserbüffeln. Freundliche Siedlungen dazwischen. Ein Land wie geschaffen für den gestreßten Europäer.

Doch Paradiese sprechen sich heutzutage schnell herum. Im Zeitalter des Jet-Tourismus droht die Insel immer mehr zu einem Rummel-Eiland zu verkommen. Im Dezember und Januar ist Bali fest in der Hand der Australier, die dort ihre Haupturlaubszeit verbringen. Leichenverbrennungen gelten als der große Knüller im Angebot lokaler Reiseagenturen. Wenn der wild wuchernde Tourismus nicht gebremst oder zumindest in geordnete Bahnen gelenkt wird, droht die Gefahr, daß man das „Paradies Bali" nur noch von Erzählungen und Bildern kennt.

Trotzdem scheint sich die balinesische Hindu-Kultur, die liebenswerte Art der einfachen Menschen und der Zauber der Landschaft nicht so schnell kaputtmachen zu lassen. Bali ist voller Winkel und Plätze, voller Überraschungen und Möglichkeiten, so daß die Entscheidung schwerfällt. Man muß nur eines tun: sich absetzen von den Touristenorten, ins Landesinnere oder nach Norden gehen, dorthin, wo die Strände noch einsam sind und die kulturelle Einzigartigkeit Balis in den Dörfern noch fortlebt. So sah mein Plan aus, doch es kam anders.

Bei meiner Ankunft in Denpasar, der Hauptstadt, führte mich mein erster Weg zur Post, denn ich hatte mir hierher Briefe nachschicken lassen. Der Mann hinter dem Schalter erklärte mir allerdings: „Postlagernde Briefe müssen Sie auf der neuen Hauptpost abholen."

„Und wo ist die?"

„Ziemlich weit außerhalb, einige Kilometer sind es schon."

Dann muß ich ein Bemo-Taxi nehmen, dachte ich. Ich steckte meinen Paß wieder in meinen Brustbeutel und diesen in die Außentasche meiner Fototasche. Den Reißverschluß machte ich natürlich zu. Als ich aus der Post trat, fuhr gerade ein Bemo vorbei, und ein junger Bursche rief mir vom Gefährt zu: „Mister, you go to the new postoffice?"

„Oh, yes!"

Ich freute mich, daß ich nicht lange herumsuchen mußte, denn bei dem Einbahnstraßensystem von Denpasar ist es nicht gerade leicht, schnell irgendwohin zu kommen.

Außer einem Burschen, dem ich gegenübersaß, war ich der einzige Fahrgast in dem offenen Taxi. Und hinten auf der Stoßstange turnte wie üblich der Kassier herum, um neue Fahrgäste herbeizurufen. Diesmal schien er dazu aber keine Lust zu haben, denn er widmete sich ganz mir.

„Oh, Mister, you come from Germany. Wonderful. I

like Germany, all the Germans." Mit viel Faxen und Lachen, wie üblich, ging es so durch die halbe Stadt. Dann setzte mich das Bemo kurz vor der neuen Post ab. Ich schulterte meinen Rucksack, den ich zwischen den Beinen gehabt hatte, und nahm die Fototasche über die Achsel, die neben mir auf der Bank gestanden hatte.

Als ich in der Post die Reißverschlußtasche öffnete, um den Brustbeutel mit dem Paß herauszunehmen, griff ich ins Leere. Mein Gott, das darf nicht wahr sein, durchzuckte es mich! Verloren? Unmöglich, ich wußte genau, daß ich den Beutel in die Tasche gesteckt hatte. Das kleine Schloß allerdings, das ich zur Sicherung angebracht hatte, war nicht versperrt, weil ich keine Zeit mehr dazu gefunden hatte. Dann überkam's mich siedendheiß. Die beiden auf dem Taxi haben dich hereingelegt! Während der eine dich mit seinen Sprüchen und seinen Zicken ablenkte, griff der andere zu! Nur so kann es gewesen sein! Mein Gegenüber hatte ja auch immer so krampfhaft und verlegen weggeschaut! Und ich Greenhorn fiel auf diese Masche herein. Ich wußte nicht, ob meine Wut über die Burschen größer war als der Ärger über mich selbst. Und nun? Zur Polizei natürlich, obwohl es mir nicht viel nützen würde, wie mir von vorneherein klar war.

„Kommt hier öfter vor", meinten die, „warum haben Sie auch nicht aufgepaßt?" Okay, in gewisser Weise war ich mitschuldig, aber es paßte mir nicht, wie meine Anzeige in dem Revier aufgenommen wurde, gähnend und gelangweilt: Jetzt, kurz vor Feierabend am Samstagnachmittag, kommt da wieder so ein Tourist und macht uns Arbeit. Dieser Eindruck war unübersehbar. Ich durfte eine Liste der gestohlenen Dinge aufstellen: so ziemlich alle Papiere, die der Mensch heutzutage unterwegs braucht, für ein paar tausend Mark Traveller-Schecks, die ich aber ersetzt bekommen würde, das UTA-Ticket und ein wenig Bargeld, etwa 100 DM. Die Burschen konnten sich freuen! Meine GARUDA-Tickets nach Jayapura und Papua-Neuguinea hatte ich glücklicherweise im Rucksack gelassen, genauso wie ein Notgeld von einigen hundert Mark in Dollarnoten.

Niedergeschlagen setze ich mich in ein Bemo und fahre nach Kuta, einem Vorort von Denpasar, um ein losmen zu suchen. In der Nähe des Strandes finde ich eins. Es sind auch noch ein paar andere Leute da, Sabine und Horst aus Berlin zum Beispiel, denen ich die ganze Geschichte erzähle und die mir „erste Hilfe" in Form von Zuspruch geben.

„Und was wirst du jetzt tun? Heimfahren?"

Ich hatte die größte Lust dazu. Ich hatte das Gefühl, als sei mir der Boden unter den Füßen weggezogen worden, und fühlte mich einsam.

Doch das Leben ging weiter. Am Montag hastete ich im Zickzackkurs durch Denpasar, um Ersatz für meine gestohlenen Papiere zu bekommen. Das Wichtigste war eine Bescheinigung der „Imigrasi"-Behörde, daß mein Paß gestohlen worden war. Ich mußte mich einer langen Schlange anschließen! Ich bekam kaum den Mund wieder zu, als ich all die Geschichten der Bestohlenen hörte. Einem Holländer, der erst einen Tag auf Bali war, war das ganze Hotelzimmer ausgeräumt worden. Alles, was er noch hatte, trug er am Leibe: Shorts, Badesandaletten und T-Shirt – was natürlich der strengen Kleiderordnung für Besucher, die an der Tür angeschlagen war, zuwiderlief. Und später sprach und traf ich mindestens ein Dutzend Leute, die ebenfalls in einem Bemo oder auf eine andere listige Art und Weise „erleichtert" worden waren.

Als ich am Abend wieder nach Kuta ging, erwarteten mich Marianne und Christoph. Sie hatten also meine Nachricht bekommen.

„Wir wissen schon alles", rief Christoph von weitem, „aber sei nicht traurig, uns haben sie auch beklaut!"

„Was, wo?"

„Du wirst es nicht glauben: auch in einem Bemo. Und auch auf dem Weg von der alten zur neuen Post. Aber nur Mariannes Geldbeutel mit ein paar Mark. Doch dafür bin ich meinen Paß und meinen Impfausweis auf dem Weg nach Bali losgeworden, obwohl ich beides in einer Innentasche des Hosenbeins versteckt hatte."

Zuerst war ich sprachlos, dann konnte ich zum erstenmal wieder lachen. Das durfte doch nicht wahr sein. Und nun kam mir eine Eingebung: Ich bzw. wir waren nicht zufällig die Opfer geworden, sondern in Denpasar mußte eine Bande sein, die gezielt Touristen mit dem Trick des Bemo-Taxis ausnahm.

„Man sollte den Burschen eine Falle stellen", sagte ich zu den anderen, „eine Aktion starten, das wäre doch einmal interessant."

„Dazu brauchst du die Polizei, und nach allem was du und wir jetzt auf den Behörden gesehen und erlebt haben, gibt es keine Chance. Die arbeiten doch zusammen. Wenn einmal ein paar eingebuchtet sind, werden sie gegen das Geld aus gestohlenen Brieftaschen wieder freigelassen. Die bestohlenen Touristen reisen sowieso bald wieder ab, das kümmert hier weiter niemanden."

Da war sicherlich viel Wahres dran. Trotzdem – wir hatten nichts zu verlieren, warum nicht den Versuch machen? Horst und Jules, ein weiterer Freund und Landsmann von Marianne und Christoph, waren sofort mit von der Partie. Wir heckten folgenden Plan aus: Horst sollte vor der alten Post mit einer Tasche den Lockvogel spielen und warten, bis ihn ein Bemo auflas. Dann sollte die Polizei in Zivil dem Fahrzeug folgen und nach der „Beraubung" von Horst das Auto stoppen und die Burschen auf frischer Tat schnappen.

Aber was ich hier kurz mit ein paar Zeilen schildere, wurde eine langwierige und langdauernde Diskussion mit der Polizei. Mal hatte es keinen Sinn, mal war es zu gefährlich und mal hatten sie keine Motorräder für die Verfolgung bereit.

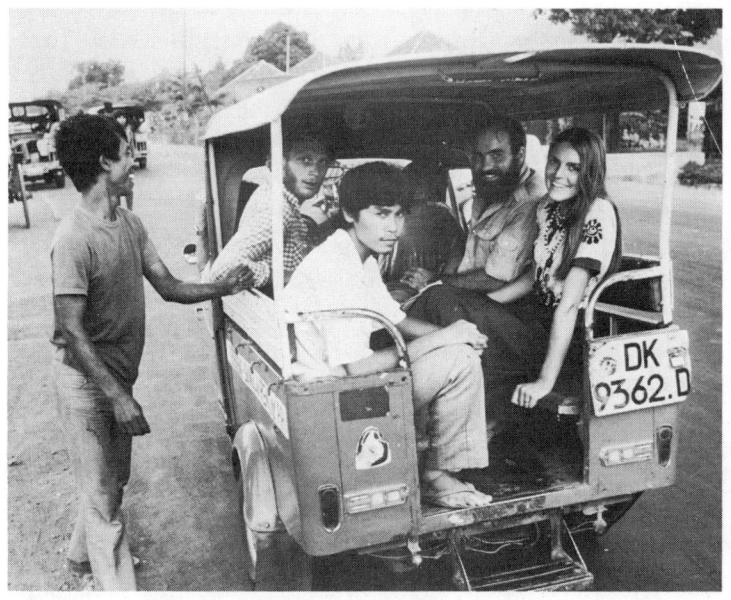

Auf Diebesjagd in Denpasar

„Dann gehe ich und miete zwei", sagte ich zu einem der Chefs in mittlerem Dienstrang, zu dem wir uns allmählich vorgearbeitet hatten, „und außerdem muß ich sowieso nach Jakarta zurück. Vielleicht dürfte es dort gewisse Stellen interessieren, was hier alles so läuft."

Das war zwar ein bißchen hart, aber es zeigte Wirkung! Die unteren Dienstgrade waren mit Feuereifer bei den Vorbereitungen, endlich mal *action*, mochten sie gedacht haben, endlich nicht den ganzen Tag Papier beschreiben! Ein Brustbeutel wurde mit ein paar Scheinen gefüllt, deren Nummern die Polizei notierte, und in einer Sporttasche verstaut. Horst ging zur alten Post, die unweit der Polizeistelle lag. Derweil nahmen zwei Mopedfahrer mit indonesischen Polizisten in Zivil Aufstellung in der Nähe der Post, bereit, sofort loszufahren, wenn sie sahen, daß Horst auf einem Bemo saß. Marianne, Christoph und ich warteten inzwischen bei der Polizei, da wir uns nicht zeigen durften. Ich wußte, der Erfolg war genauso sicher wie ein Sechser im Lotto, und die Möglichkeit, daß es sich dann um die gleichen Burschen handelte, war geradezu unwahrscheinlich. Was sich dann abspielte, erzählte uns nachher Jules, der mit einem der Polizisten auf dem Rücksitz des Mopeds fuhr:

„Als Horst aus der Post kam, dauerte es keine zwei Minuten, bis ein Bemo vorfuhr und Horst aufstieg. Wir starteten. Ich sah, wie sich der hintere der beiden Burschen angeregt mit Horst unterhielt, während der andere eine Zeitung las, die sich langsam auf die Sporttasche neben Horst senkte. Dieser ließ sich nichts anmerken. Plötzlich stoppte das Bemo und der Bursche mit der Zeitung verschwand in einem Hauseingang. Bis mein Fahrer sein Moped abgestellt hatte, war der Mann schon über alle

Berge. So verfolgten wir das Auto und stoppten es. Sofort bildete sich eine große Menschenmenge, sogar andere Polizisten kamen noch hinzu. Und nun geschah etwas Unerwartetes: Anstatt den Fahrer, Beifahrer und den Bemo-Kassier mitzunehmen, wurden alle drei laufengelassen! Ich war außer mir, aber keiner der Polizisten konnte Englisch. Da schnappte ich mir den Kassier – an dieser Stelle muß gesagt werden, daß Jules ein wohltrainierter Karate-Mann ist – und rief: „So, und der haut jetzt nicht ab, der kommt mit zu meinen Freunden, sonst drücke ich zu!" (Wir nannten ihn später nur noch den „Bemo-Würger!")

Das half. Und so kehrten sie im Triumph zu uns zurück. Der Polizeichef wurde geholt. Als er den Burschen sah, wurde er ganz ruhig. Unsere Beute war ein lang gesuchter Dieb, wie der Vergleich mit dem Verbrecheralbum ergab. Ironie des Schicksals: er hieß fast wie ich, nämlich „Herman"! Und der Polizeichef, ein Halbchinese, hatte seine Blamage weg! Ein paar Touristen hatten im Handumdrehen einen dicken Fisch gefangen. Vor uns und seinen Untergebenen hatte er sein Gesicht verloren. Die Reaktion war entsprechend: Mit dem Handrücken schlug er Herman so ins Gesicht, daß diesem sofort die gespielte Unschuld und das Grinsen verging. Aber: war es überhaupt „mein" Bemo-Kassier? Und gestohlen hatte ja nicht er, sondern sein Kumpan, der nun längst außer Reichweite war, andere warnen konnte und vielleicht alles verschwinden ließ. Marianne erkannte ihn jedoch sofort als den „ihren" wieder, ihr Fall lag ja auch erst zwei Tage zurück. Ich war mir nicht sicher, würde ich nicht einen eventuell Unschuldigen beschuldigen? Ich tat es, aus der Überlegung heraus, daß diese Burschen sicherlich alle mehr oder weniger zusammenarbeiten, so daß es keinen Unterschied macht, wer gerade „dran" ist.

„We'll do our best", versprach uns der Polizeichef, „wenn wir etwas ermitteln, werden wir Sie benachrichtigen."

Damit mußten wir uns zufriedengeben. Ich gab den anderen die Adresse meiner Freunde in Jayapura, denn ich hatte mich inzwischen entschlossen, den für den nächsten Tag dorthin gebuchten Flug wahrzunehmen und erst von dort aus nach Jakarta zurückzufliegen. Wenn schon die Reise abgebrochen werden mußte, dann wollte ich wenigstens so lange wie möglich in Indonesien bleiben und die Freunde in Jayapura besuchen.

Am Abend trafen wir uns alle zu einem großen Abschiedsessen. Marianne und Christoph würden jetzt noch ins Landesinnere gehen, Horst und Jules noch ein wenig in der Hauptstadt bleiben. Sie versprachen, nochmals bei der Polizei vorbeizugehen. Uns allen unverständlich war natürlich, warum die Polizei die Bemo-Burschen wieder hatte laufenlassen. Aber wir hatten mehr erreicht, als wir zu hoffen gewagt hatten, und durch dieses Unternehmen verlor sich auch ein wenig das Gefühl der Ohnmacht, unter dem ich die letzten Tage gelitten hatte. Christoph hatte schon wieder einen neuen Impfpaß.

„Wie ging das so schnell", wollte ich wissen, „mußtest du dich wieder impfen lassen?" – „Hast du vergessen, daß wir in Indonesien sind", grinste er, „im Lande des Bakschischs? Einen neuen Paß wird mir die Schweizer Botschaft hoffentlich so geben."

Flug in die Steinzeit

Nach einer Stunde Flug senkte sich die Maschine auf den Flugplatz von Ujung Pandang auf der Insel Sulawesi (Celebes). Zwischenlandung. Die meisten Passagiere stiegen hier aus, um weiter ins Toraja-Land zu fahren. Ursprünglich hatte ich dies auch geplant, doch meine Lage ließ es besser erscheinen, gleich nach Jayapura weiterzufliegen.

Aus der vorgeschriebenen einen Stunde Aufenthalt wurden schließlich dreißig. Und dabei hatte ich Glück, daß ich anderntags noch mitkam! „Die beladen die Maschinen so voll mit Fracht, daß danach oft kaum mehr Platz für Passagiere bleibt", erklärte mir ein Franzose, der mit solchen hinterindonesischen Verhältnissen vertraut war. Nach zwei weiteren Zwischenlandungen in Sorong und auf der Insel Biak kam dann gegen Abend das Rollfeld von Jayapura in Sicht. Endlich Neuguinea! Schon beim Blick aus dem Fenster bekam man einen kleinen Vorgeschmack auf dieses riesige, kaum erforschte und besiedelte Gebiet. Durch einen grünen Teppich wälzten sich braungelbe Flüsse in prächtigen Mäanderbögen der Küste entgegen.

Als ich auf dem kleinen Flugplatz Sentani nach einer Fahrgelegenheit in die Stadt suchte, stellte ich fest, daß man mir irgendwo zwischen Bali und Jayapura eine Außentasche am Rucksack abgeschnitten hatte. Ich trug's mit Fassung. Die Freude des Wiedersehens mit meinen Freunden war größer. Endlich ein paar Tage Ruhe. Da ich mein *surat jalan,* diesen Erlaubnisschein für den Besuch

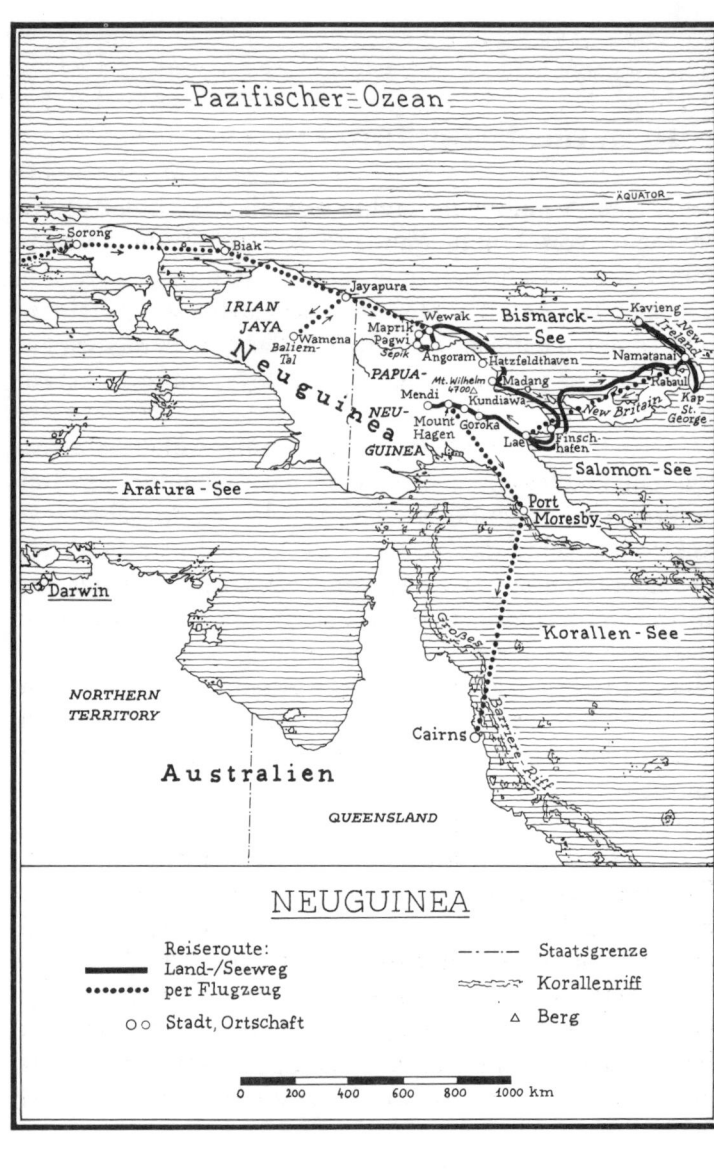

von Irian Jaya, durch den Bali-Diebstahl nicht mehr vorweisen konnte, erwartete ich Schwierigkeiten, doch es ging alles glatt. Ich wurde durch meine Bekannten bei der Polizei als Besuch angemeldet. Der Verlust meines Passes hatte sogar einen angenehmen Nebeneffekt: Niemand wußte nun, wann mein Visum ablaufen würde. Ich stand also bei der Planung meiner letzten Reisetage nicht mehr unter Zeitdruck.

Jayapura ist eine etwas verschlafene Stadt an der Nordküste von Irian Jaya, das wie der östliche Nachbarstaat Papua-Neuguinea kaum der Steinzeit entwachsen ist und schon dadurch den Hauch des Abenteuerlichen hat. Die paar Städte und Siedlungen Irian Jayas sind fast alle jüngeren Datums und nicht mehr als Vorposten in der Wildnis, eine Wildnis, die aber nur in den Küstenniederungen dem Bild entspricht, das sich ein Europäer von der Insel Neuguinea macht: Sümpfe, Urwälder, mächtige Ströme und dazwischen steinzeitliche Stämme, die noch Kopfjäger sind. Der überwiegende Teil der Insel ist jedoch gebirgig und mit Hochtälern durchzogen. Auf Irian Jaya ist das Baliemtal inzwischen das bekannteste. Dorthin wurde – im Gegensätz zum restlichen Hinterland – ein ziemlich regelmäßiger Flugdienst eingerichtet, was ich mir zunutze machen wollte.

Ich hatte Glück, daß ich schon nach ein paar Tagen Wartezeit, genau am 2. Weihnachtsfeiertag, einen Platz in der kleinen Fokker F 27 ergatterte. Nachdem wir die Sentani-Seen überflogen hatten, schwebten wir über dichtem, sattgrünem Regenwald, durch den sich dann und wann ein Fluß schlängelte. Das Flugzeug ist in Irian Jaya nicht nur wichtigstes Verkehrs- und Transportmittel, es ist auch eine Art Zeitmaschine: Wer in Jayapura, wo das

20. Jahrhundert schon seinen Einzug gehalten hat, abfliegt, landet wenig später irgendwo in der Steinzeit. Ein wenig aufgeregt stieg ich deshalb in Wamena, dem winzigen Verwaltungsort des Baliemtales, aus der Maschine. Die Luft war im Gegensatz zum Waschküchenklima Jayapuras wieder frisch und klar, ein sehr angenehmes Gefühl nach den vielen Schweißwochen. Neben der schmalen Rollbahn befand sich ein kleines Abfertigungsgebäude und hinter einem Zaun standen Männer, wie ich sie bisher nur in Expeditionsbüchern gesehen hatte: Dani, die Eingeborenen des Baliemtals. Kräftige, tiefschwarze Gestalten mit massigen Schädeln und phantastischem Haarschmuck. Sie waren nackt bis auf ihr einziges, auffallendes Kleidungsstück, den Penisköcher aus einer Kürbisfrucht. Einige

Dani, die Eingeborenen des Baliemtals

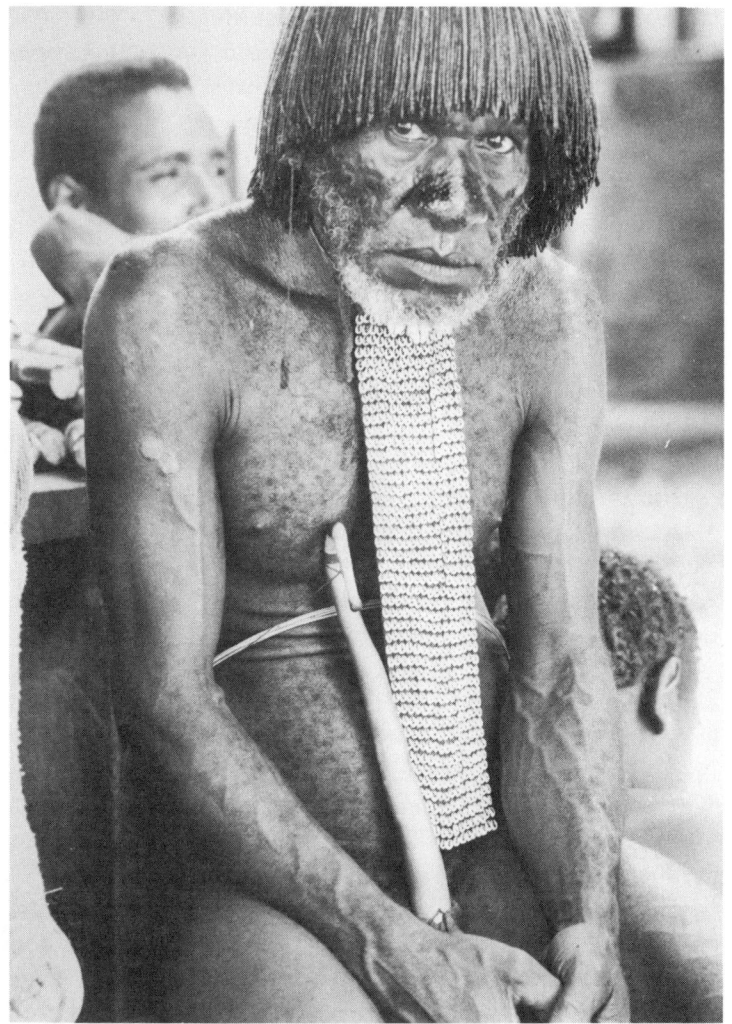

Dani sind nur mit dem Holim und ein wenig Schmuck „bekleidet"

waren aber auch schon europäisch gekleidet.

„Kotekas", sagte mein Sitznachbar vom Flugzeug, „sogenannte Halbzivilisierte, die sich schon in Kleider hüllen. Für alle ist die Landung der Maschine aus Jayapura das Ereignis der Woche."

So ungewohnt wie der Anblick der Dani und die trockene Luft waren auch die Stille und Ruhe. Aber ich befand mich ja nicht mehr im überquellenden Java, sondern im hintersten Winkel Indonesiens, in einem Tal, in dem erst vor wenigen Jahrzehnten die Geschichte überhaupt begonnen hatte. 1938 erfolgte die zufällige Entdeckung vom Flugzeug aus, aber erst 1954 begann die Besiedlung durch Missionare. Es ist leicht gewelltes Grasland mit dem Baliemfluß in der Talmitte und mächtigen Bergen, die es einrahmen. Nur ein paar Grad südlich des Äquators gelegen, herrscht hier durch die 2000-Meter-Höhenlage ganzjährig frühlingshaftes Wetter. Man könnte sich im Allgäu und Voralpenland wähnen, wären da nicht die Bananenstauden und die schwarzen Dani.

Ich schlage den Weg zu einem losmen in Wamena ein. Die Auswahl ist nicht groß, und als ich eines gefunden habe, steht auf dem Eingangstisch nicht der sonst übliche Prospektständer, sondern ein Totenkopf. Ob der nun als Warnung für nichtzahlende Gäste gedacht ist oder als Symbol für die Steinzeitkriege im Baliemtal, kann ich nicht herausfinden.

Ich habe vor, mich ein bis zwei Wochen im Baliemtal aufzuhalten. Auf lange Fußmärsche habe ich mich schon eingestellt, denn hier im Tal gibt es zwar Wege, aber keine Autos, mit denen man bequem von Dorf zu Dorf fahren könnte. Für Übernachtungen kommen nur die weit verstreuten Missionsstationen in Frage. In meinen Rucksack habe ich nur das Nötigste gepackt, darunter auch ziemlich viel Konserven als Marschverpflegung.

Anderntags folge ich einem kleinen Weg durch die Gärten der Dani, in denen größtenteils Taro, eine kartoffelähnliche Knollenfrucht, angepflanzt wird. Bald stehe ich am Baliem-Fluß. Wie soll ich über diesen breiten Strom hinüberkommen? Am anderen Ufer kann ich Hüttendächer und Rauchwolken erkennen. Das muß ein Dorf sein. Noch während ich überlege, wie ich am besten übersetze, paddelt ein Junge in einem roh behauenen Einbaum vom anderen Ufer auf mich zu und bietet mir an, einzusteigen, als ob er mich erwartet hätte. Inzwischen muß sich mein Besuch schon herumgesprochen haben, denn an der Uferböschung versammeln sich Männer, Frauen und Kinder. Ein Alter begrüßt mich mit einem weichen, lang dauern-

Rast bei den Danis

den Handschlag, während seine andere Hand meinen Oberarm berührt. „Nayak", höre ich, das ist wohl das Grußwort hier. Außer dem *holim,* dem Penisköcher, tragen die Männer keine Kleidung, aber fast alle haben Amulette um Hals und Oberarme gebunden. Die Körper sind mit einer Mischung aus Ruß und Schweinefett eingeschmiert, wodurch sie einen scharfen, durchdringenden Geruch ausströmen. Auffällig ist auch bei einigen der Nasenschmuck: Knochen- und Holzstücke, aber auch Eberhauer sind durch die Nasenscheidewand gezogen. Die schönen Steinäxte in ihren Händen dienen wohl als Werkzeug und Waffe zugleich.

Die Frauen sind mit Schnurröcken bekleidet, die in kunstvollen Ringen den Unterleib bedecken. Ganz typisch für die Danifrauen sind die großen Netztaschen, die *noken,* die durch ein Stirnband gehalten werden und den Rücken hinabhängen. Tarowurzeln, Feuerholz, Babys und sogar Schweineferkel werden so transportiert. Die ganz jungen Mädchen tragen Grasröcke.

Die Dani haben nichts dagegen, daß ich ein paar Bilder mache. Ich lasse sie auch durch den Sucher blicken, was sie zuerst ein wenig ängstlich, dann aber immer neugieriger tun. Ich muß mir bewußt machen, daß zwischen ihnen und mir Tausende von Jahren stehen, selbst wenn die Dani mit der modernen Welt schon in Berührung gekommen sind. Ich kann bei ihnen keinerlei Spur von Aggressivität entdecken, auch keine übertriebene Zurückhaltung, sondern nur freundliche Offenheit. Es fällt mir trotzdem schwer, mich an ihr „wildes" Aussehen zu gewöhnen. Im Grunde jedoch ist es genau die Erfahrung, die ich bei Kontakten mit den Stämmen Afrikas schon machte: je „primitiver" und „unterentwickelter" – wie immer man solche Men-

Dani-Frau mit dem typischen Schnurrock und dem noken

schen etikettieren mag – ein Volk ist, desto ehrlicher, offener und aufrichtiger ist es oft.

Die nächsten beiden Tage bekam ich plötzlich Fieber. Wenn es nur nichts Schlimmes ist! hoffte ich. Das hätte mir hier im Baliemtal gerade noch gefehlt!

Den ersten Tag verbrachte ich schwitzend und frierend zugleich im Schlafsack. Am zweiten Tag zwang ich mich, wieder eine recht lange Strecke zu gehen, und obwohl ich dann abends mit weichen Knien zurückkam, bestätigte sich mit der Besserung wieder eine Erfahrung, wie ich sie schon bei ähnlichen Fällen gemacht hatte: einfach das Unwohlsein und das Fieber vergessen, den Willen haben, wieder gesund zu werden. Wenn man nämlich jeden Tag im Freien verbringt, in der Natur lebt, überwindet man kleinere Infekte viel besser als der behütete Zivilisationsmensch.

Im Baliemtal könnte man leicht Monate zubringen, ohne überall gewesen zu sein und alles gesehen zu haben. Wenn sich die Erfindung des Wegweisers auch hier noch lange nicht durchsetzen wird, so kann man doch aufgrund der Übersichtlichkeit des Geländes gut zurechtkommen. Das Tal ist etwa 25 Kilometer breit und über 100 Kilometer lang. Wo der Baliemfluß in das Tal ein- und austritt, verlieren sich die Wege in kleinere Nebentäler und Gebiete, die kaum einmal von Weißen betreten werden. Missionen der verschiedensten Kirchen sind dort die einzigen Stützpunkte, und bevor ich von Jayapura losflog, erhielt ich durch Vermittlung meiner Bekannten die Einladung eines holländischen Missionars, der etwa 25 Kilometer von Wamena entfernt seine Station hatte. Es würde also ein guter Tagesmarsch werden. Der Weg führte nach

Norden. Außerhalb von Wamena überspannte schon eine kleine Eisenbrücke den Baliemfluß. Die Sonne schien angenehm warm, und die Luft war klar und trocken. Es herrschte ein Friede wie an einem Frühlingstag auf dem Lande in Deutschland. Von Zeit zu Zeit kamen mir Frauen aus den Feldgärten entgegen, im typisch nach vorn geneigten Gang, die Hände über dem Kopf gefaltet, um das Noken mit den Taro-Knollen festzuhalten. Zwischen die Finger eingeklemmt der Grabstock, das unentbehrliche Werkzeug zum Freilegen der Knollen.

Die Dörfer der Dani sind keine Hüttenansammlungen im herkömmlichen Sinn, sondern Einzelgehöfte, die beieinanderstehen. Ein Gehöft besteht aus U-förmig angeordneten Rund- und Langhütten. Jedes ist von einem starken Holzzaun umgeben. Dem Eingang gegenüber

Im Baliemtal in Irian Jaya

Der phantastische Haarschmuck erinnert an eine Beatle-Frisur

liegen die Männerhäuser, die *honneys*, mit ihren halbkugelförmigen Dächern. Rechts und links davon stehen die Langhütten, die als Frauen-, Kinder-, Küchen- und Schweineunterkünfte zugleich dienen. Das ist sicherlich nicht gerade angenehm für die Frauen, aber für einen Dani-Mann sind Frauen und Schweine nur Statussymbole. Ich brannte darauf, einmal einen Honney von innen zu sehen. In der Zeichensprache erbat ich mir die Erlaubnis, die mir auch gewährt wurde. Stockdunkel war es drinnen, bis auf den Schein eines kleinen Feuers, das in der Mitte des Raumes glimmte. Es roch penetrant nach ranzigem Fett, Feuer und Rauch, was mich nicht verwunderte, denn außer dem kleinen Eingang waren keine weiteren Öffnungen vorhanden, und der Rauch mußte sich den Abzug durch das Grasdach suchen. Etwa in meiner Brusthöhe war ein Zwischenboden eingezogen, der den Schlafplatz der Männer bildete. Der untere Raum diente nur zum Aufenthalt und zum Aufbewahren der wenigen Gebrauchsgegenstände. An den Wänden sah ich Steinäxte, Holim, Eberzähne, Bogen und Pfeile. Mit tränenden Augen krabbelte ich wieder ins Freie. Die Dani fanden mich sicherlich genauso exotisch wie ich sie.

Draußen waren ein paar Frauen mit dem Kochen beschäftigt, wobei sie allerdings nach einer Methode verfuhren, die noch eine halbe Ewigkeit bis zur Erfindung des Kochtopfs vor sich hatte. Ein zerlegtes Schwein wurde in große Bananenblätter gewickelt und dann in eine Grube gelegt. Von einem Feuer schleppten andere Frauen derweil mit Stangen heiße Steine herbei und legten sie zwischen die

Dani-Frauen beim Kochen

Fleischpakete. In mehreren Lagen wurde so das Erdloch ausgefüllt und immer wieder aus einem Bambusrohr Wasser darüber gegossen, daß es nur so zischte und dampfte. Ich war mir sicher, daß das Fleisch nach dieser Dampfgarung bestimmt nicht schlecht schmecken würde, aber mit Rücksicht auf meine etwas angeschlagene Verfassung habe ich eine Einladung zu dem Steinzeit-Festschmaus lieber nicht mehr abgewartet, sondern bin weitergegangen.

Am Nachmittag hatte ich in einem anderen Dorf die interessanteste Begegnung des Tages. Kinder brachten mich zu einer Hütte, vor der ein alter Mann saß. Aber erst als ich ein paar hundert Rupiah springen ließ, holte er sein kostbarstes Stück aus dem Honney. Langsam und vorsichtig, damit ja nichts abbrach, balancierte er einen schwarzglänzenden Körper heraus und setzte ihn in Hockstellung auf einen Stuhl. Die Gestalt war ziemlich eingeschrumpelt, den Kopf bedeckte eine Art Haarnetz mit Vogelfederschmuck.

Wie alt mochte die Mumie sein? Ich konnte es nicht in Erfahrung bringen, da, wie fast überall, niemand Englisch verstand, und auch meine paar Brocken Indonesisch nicht weiterhalfen.

Endlich zeigte sich das rotgestrichene Blechdach der Missionsstation. Pater Swart trat gerade vor die Tür.

„Guten Tag", sagte er. „Willkommen in Jiwika. Sind Sie müde? Aber das war doch kein langer Weg! Kommen Sie herein, es gibt Tee."

Ich spürte meine sämtlichen Knochen. Acht Kilo Fotoausrüstung und ein halbvoller Rucksack werden im Laufe von 25 Kilometern immer schwerer. Müde ließ ich mich auf einen Stuhl sinken und genoß den heißen Tee.

Später machte ich noch einen kleinen Rundgang ums

Die geräucherte Mumie eines Soka-Häuptlings

Haus. Da wuchsen blühende Sträucher auf der Wiese, in einem sauber angelegten Garten waren viele Früchte und Gemüse angepflanzt, und etwas abseits standen eine kleine Schule und eine Holzkirche. Gleich vor dem Haus befand sich der Air-strip, die obligatorische Wiese als Lande- und Startbahn für die kleinen einmotorigen Flugzeuge, die von Zeit zu Zeit die Missionsstationen anfliegen und wichtige Versorgungsgüter bringen.

„Und nebenher können wir den Platz noch als Sportfeld für meine Schüler benützen", bemerkte der praktische Pater.

Gleich nach 18 Uhr wird es hier in Äquatornähe dunkel und auch empfindlich kühl. Nach einem einfachen Abendessen unterhalten wir uns weiter bei Tee und einer Flasche Whisky, die ich zum Geburtstag des Paters von Jayapura mitgebracht hatte.

„Wie war das am Anfang", wollte ich wissen, „die Dani und andere Stämme standen doch den weißen Eindringlingen nicht immer freundlich gegenüber."

„Es gab einige Missionare, die getötet und auch verspeist wurden, besonders in anderen, entlegenen Tälern. Im Baliemtal gibt es keinen Kannibalismus mehr. Stammeskämpfe sind von der indonesischen Regierung verboten worden. Deshalb ließ sie auch die Wachtürme einreißen, die am Rande der Gartenfelder aufgestellt waren. Es waren übrigens niemals irgendwelche Eroberungs- oder Haßkriege, wie man sich das vielleicht in Europa vorstellt, sondern eher eine Art von Ritual-Streitigkeiten, um die Geister von toten Kriegern zu beschwichtigen, oder Auseinandersetzungen wegen Schweine- und Frauendiebstählen. Ein Kampf wurde manchmal morgens begonnen und dann wegen anderer Umstände nach ein paar Stunden

Bei einem Todesfall in der Verwandtschaft wird den Dani-Frauen ein Fingerglied abgehackt

wieder abgebrochen. Tote gab es nur selten, und nur unter denen, die nicht geschickt genug waren, den Wurfspeeren oder Pfeilen auszuweichen..."

Unterwegs hatte ich viele Frauen gesehen, die nur noch zwei oder drei Finger hatten. Was hatte es damit auf sich? Auch das bekam ich erklärt: „Es ist ein alter Brauch der Baliem-Stämme, Frauen und Mädchen bei Todesfällen in ihrer Verwandtschaft ein Fingerglied abzuschlagen. Natürlich ist auch das heute verboten, aber bei älteren Frauen sieht man diese Verstümmelung noch sehr oft. Solche und noch viele andere Ritualbräuche gehören zu alten Geistervorstellungen, die nicht so schnell von einer zur anderen Generation verschwinden."

Es wurde noch sehr spät an diesem Abend, ehe mich in der Dachkammer ein richtig weiches Bett aufnahm und ich auch sofort einschlief.

Salzgewinnung im Baliemtal

Salz ist im Baliemtal kostbar. Es wird wie fast alles Neuzeitliche von Jayapura eingeflogen. Aber um es kaufen zu können, braucht man Geld. Und welcher Eingeborene hat das schon? Deshalb wird Salz im Baliemtal immer noch auf die alte Weise gewonnen. Um das einmal sehen zu können, machte ich mich von der Jiwika-Station auf zu einer der Salzquellen. Pater Swart wies mir den Weg. Es war ein Trampelpfad in den Wald hinein. „Zwei Stunden werden Sie etwa gehen müssen. Haben Sie gutes Schuhwerk an? Wenn Sie nicht mehr weiter wissen, warten Sie so lange, bis Dani kommen. Das kann allerdings manchmal lange dauern."

Es ging steil bergan. Ich balancierte über glitschige Steine und umgestürzte Baumriesen. Durch die Höhenlage hatte sich hier ein ganz anderer Urwald entwickelt, als ich es von Wäldern am Äquator kannte. Als ich eine Verschnaufpause einlegte, durchfuhr mich plötzlich ein panischer Schrecken. Lautlos hatten sich mir von hinten ein paar Dani genähert. Aber sie grinsten nur freundlich und bedeuteten mir, ihnen zu folgen. Die Männer gingen mit ihren Äxten voraus und räumten kleine Hindernisse aus dem Weg, während die Frauen schwer beladen mit Bananenstämmen folgten. Wozu die gebraucht wurden, begriff ich erst, als wir bei der Salzquelle ankamen, die in einer Waldlichtung zwischen großen, runden Steinen lag. Da waren nämlich schon andere Frauen dabei, mit Holzknüppeln auf Bananenstämme einzuschlagen. Die Stämme sollten sich in einzelne Lagen auflösen. Danach wurden die Pflanzenteile in eine schwarze, aber wohl salzhaltige Brühe geworfen, wo sie sich vollsaugten. Auf vierzig bis fünfzig Kilogramm schätzte ich die vollgesogenen Stammteile, die sich die Frauen nachher in ihre Netze packten und nach Hause schleppten, was sicherlich einen halben oder sogar ganzen Tag dauerte. Dort würden die Frauen dann die salzigen Stammteile trocknen und anschließend verbrennen. Die salzhaltige Asche ist dann der gesuchte kostbare Stoff.

Ich sah fast nur die Frauen arbeiten. Die ganze Last beim Kampf ums tägliche Dasein liegt auf den Schultern der

Die Bananenstämme werden aufgespalten...

Frauen – was wären die Dani-Männer ohne sie! Diese ließen sich derweil von der Sonne wärmen oder beschäftigten sich mit dem Auszupfen von Barthaaren. Dazu nahmen sie ein kurzes Holzstäbchen, knickten es an, klemmten ein Haar ein und rissen es mit einem schnellen Ruck aus. So also rasiert man sich in der Steinzeit. Dani-Frisuren sind wahre Kunstwerke: einige Danis haben ihr Haar zu Zöpfchen geflochten, andere zu einem Pilzkopf gekämmt, wiederum andere tragen einen riesigen Wuschelkopf von einem halben Meter Durchmesser spazieren. Und immer verzieren sie das Haar mit Federn, Blumen, Gräsern oder einem der weitzahnigen Holzkämme, die ins Nackenhaar gesteckt werden.

Ein einmalig schöner Morgen begrüßte mich, als ich am Sonntag vor die Türe trat. Die Luft war rein und frisch, Bienen summten, und es duftete nach Gras, Blumen und Blüten. Eine Ruhe und ein Frieden, wie ich sie schon lange nicht mehr so intensiv empfunden hatte. Das Vogelgezwitscher vermischte sich mit dem hellen Bimmeln der Kirchenglocke. Kirchgänger kamen. Manche nackt, andere angezogen. Alles grüßte freundlich „Nayak". In der Kirche wurde gebetet und gesungen. Ein Lied kannte ich: „Stille Nacht, heilige Nacht". Träumte ich? Ach ja, letzte Woche war Weihnachten. Auch hier auf Neuguinea, der Steinzeitinsel. Und Steinzeitmenschen singen deutsche Lieder. Noch nie erlebte ich solch faszinierende Gegensätze wie in diesem Baliemtal!

Bei meiner Rückkehr nach Wamena entdeckte ich in einer kleinen Eßbude das Bild einer Amerikanerin und erfuhr eine Geschichte, die vor einigen Jahren viel Wirbel verursacht hatte. 1974 kam Wyn Sergeant, eine Anthropologin, ins Baliemtal, um einen Film über die Dani zu

... und in das salzhaltige Wasser gelegt

drehen. In der Hoffnung auf größere Authentizität verfiel sie auf den Gedanken, einen Dani-Häuptling zu heiraten. Daher suchte sie den Häuptling Obahearek, der in der Nähe von Wamena wohnte, auf und überredete ihn mit Geschenken zur Hochzeit.

Während sie wohl insgeheim plante, einen echten Kampf- und Kriegsfilm der Steinzeitmenschen zu realisieren, versprach er sich durch die Ehe mit der weißen Missis große Chancen, an die begehrten Stahläxte oder gar Feuerwaffen zu gelangen. Dann war er unbesiegbar. Als die indonesischen Behörden von dem Vorgang hörten, mußte die Amerikanerin natürlich schnellstens das Land verlassen. Nichts wurde es aus einem echten Kampffilm und einem Bestseller über die Ehe mit einem Steinzeitmann.

Eine Woche in einer Mission

Ich wollte noch einmal zu einer Missionsstation wandern. Diesmal immer am Baliemfluß entlang, Richtung Süden. Der Weg war gut und breit, mit kurzem Gras bewachsen, ich kam schnell voran. Immer wieder brachen Schweine aus dem Unterholz, rannten an meinen Beinen vorbei und verschwanden quietschend im Gestrüpp. Die Dani lassen die Tiere frei herumlaufen und kennen doch jedes genau. In der Nähe von Dörfern kamen Männer neugierig näher. Wie ich es schon bei meiner ersten Wanderung erlebt hatte, boten sie sich als Träger für einen Rucksack an. Als Entlohnung gab ich immer Salzpäckchen, die ich auf Anraten meiner Bekannten von Jayapura mitgebracht hatte. Wenn mit Geld bezahlt wird, akzeptieren die Dani nur die roten 100-Rupiah-Scheine. Der Grund: Sie können nicht lesen und identifizieren die Geldscheine nach der Farbe.

Nach einigen Stunden kamen mein Begleiter und ich zu einem großen Nebenfluß des Baliemflusses. Er hatte sich sein Bett wildschäumend durch Steine und Geröll gebahnt. Von oben, vom Rande der Schlucht, schien er klein und nicht besonders schwierig zu sein, doch als wir nach einem langen Abstieg vor ihm standen, sah die Sache wieder anders aus. Zwar war das Wasser nur hüfttief, aber die Strömung war sehr stark. Mit geübtem Blick suchte der Dani eine geeignete Übergangsstelle aus. Ich krempelte die Hosenbeine hoch und folgte ihm in das eiskalte Wasser. Jeder Tritt mußte sitzen. Schließlich war es geschafft.

Der Mann links trägt meinen Rucksack

Ich bedauerte, mit meinem Träger nicht ein paar Worte wechseln zu können. Wir grinsten uns eben nur freundlich an. Was würde er über mich komischen Burschen denken?

Am späten Nachmittag verengte sich das weite Tal, und das Gefälle des Baliemflusses nahm bedeutend zu. Schließlich erreichten wir das kleine Dörfchen Kurima, das aus ein paar Hütten, einer kleinen Schule und einem kleinen Verwaltungsgebäude bestand.

Ich machte mich auf die Suche nach der Missionsstation. Da kaum ein Mensch zu sehen war und ich ja nicht fragen konnte, dauerte es eine Weile, bis ich sie hinter einem Bergrücken gefunden hatte. Schwer atmend kletterte ich die letzten steilen Meter hoch. Mein Dani-Träger hatte sich inzwischen auf den Rückweg gemacht. In der Station erwartete mich eine Überraschung: Frau Berger, die Leiterin, war Deutsche! Endlich konnte ich mich wieder einmal ausgiebig unterhalten und genau das ausdrücken, was ich sagen wollte.

Ich blieb fast eine ganze Woche in Kurima. War ich nicht irgendwo in den Bergen unterwegs, so machte ich mich mit Arbeiten im Haus nützlich. Wer einmal ein Handwerk gelernt hat, kommt draußen in der Welt immer zurecht.

Einmal folgte ich dem Baliemfluß entlang eines Uferwegs, bis es nicht mehr weiterging. Eine schwankende Lianenhängebrücke war über den Fluß gespannt. Die Konstruktion war erstaunlich gut durchdacht, wie ich bei der genaueren Untersuchung feststellte. Zwei Pfostengerüste bildeten die Stützen, an denen die Brücke aufgehängt war. Mit klopfendem Herzen wagte ich mich darüber. Gurgelnd und schäumend toste das Wasser unter mir. Ein Sturz hätte den sicheren Tod bedeutet. Nachdem ich das andere Ufer wohlbehalten erreicht hatte, setzte ich mich in die Sonne und beobachtete die Männer und Frauen, die über die Brücke gingen. Wie immer schleppten die Frauen die schwersten Lasten. Einmal trugen einige Männer ein zappelndes Schwein, festgebunden an einer Stange. Wo mochten sie hingehen? In ihre Dörfer? Hier am Ende des Baliemtales leben ganz andere Stämme. Wollte man zu ihnen, müßte man eine gute Expedition ausrüsten. Es gibt viele Berichte, nach denen das Vordringen von Forschern und Missionaren tödlich endete. Der bekannteste Fall ist der Tod von Michael Rockefeller, Sohn des reichsten Mannes der Welt, der im Asmat-Küstengebiet verschollen

Auf einer schwankenden Hängebrücke

ist – ob ertrunken, von Krokodilen zerfleischt oder von Kopfjägern gejagt, das wurde nie herausgefunden. Und hier über dem Baliemfluß, im Yali-Gebiet, passierte vor nicht allzuvielen Jahren die schreckliche Geschichte mit Missionaren, die mit ihren Eingeborenen-Helfern überfallen und verspeist wurden.

Der Zeitpunkt kam, wo ich wieder an den Rückflug nach Jayapura denken mußte. Mit vielen guten Wünschen versehen, verabschiedete ich mich von Frau Berger und legte in flottem Tempo den nicht geraden kurzen Weg nach Wamena zurück. Am anderen Morgen war ich einer der ersten auf dem Flugfeld, um ja einen Platz in der Maschine zu bekommen. Umgerechnet nur etwa fünfzig Mark mußte ich für den Rückflug bezahlen.

Im vollbesetzten Flugzeug saßen größtenteils Indonesier, aber auch einige amerikanische und europäische Touristen. Das programmierte Pauschal-Abenteuer hat also auch schon diese Region erfaßt. Mit schwerem Herzen blickte ich auf das Land unter mir. Jetzt war diese intensive Zeit der Entdeckungen und Erfahrungen unwiderruflich vorbei.

Vor meinem geistigen Auge rollte immer noch die Szene ab, wie mir dieser Halunke auf dem Bemo mit einem einzigen schnellen Griff die ganze Reise verdorben hatte. Ich konnte es noch gar nicht fassen, daß ich in wenigen Tagen die Heimreise antreten sollte. Und wenn ich an die ganzen bürokratischen Formalitäten dachte, wurde mir ganz übel.

Ein Telegramm

Im Leben eines Globetrotters gibt es Augenblicke, da man so gebeutelt wird, wie man es sich zu Hause kaum vorstellen kann. Einen solchen Schlag erlebte ich ja auf Bali. Aber – und das ist das Schöne beim Reisen – es gibt auch Momente, da man glaubt, die Welt werde nur für einen neu geboren. Ein Erlebnis dieser Art erwartete mich bei meiner Rückkehr vom Sentani-Airport zu meinen Bekannten. Inzwischen war nämlich einiges an Briefen eingetroffen, darunter auch ein Telegramm.

Das kann nichts Gutes bedeuten, dachte ich, und Panik stieg in mir auf. Mit zitternden Fingern riß ich es auf und las:

„polizei hat alle deine papiere wieder +++ pass, ticket, traveller-checks +++ Christoph nimmt es mit zur deutschen botschaft jakarta +++ gruss horst +++"

Ich war sprachlos. Ich war fassungslos. Es war ein Wunder geschehen! Ich hatte alles wieder, ich konnte meine Reise fortsetzen!

Am nächsten Tag führte mich mein erster Weg zur Post, um die Botschaft in Jakarta telefonisch zu bitten, mir die Papiere nach Jayapura zu schicken. Doch daraus wurde nichts – die Leitung war gestört. Am anderen Tag hatte ich mehr Glück.

Ich bat die Botschaft, die Dokumente ja nicht mit der normalen Post zu schicken, sondern mit einer privaten Spedition, der ELTEHA, die mit den Beförderungsschwächen der indonesischen Post ein gutes Geld verdient. Doch dafür war sie auch verläßlich. Nun hieß es warten. Wenn die Papiere noch rechtzeitig eintrafen, konnte ich das wöchentliche Flugzeug nächsten Mittwoch nach Papua-Neuguinea schaffen.

Was mich natürlich am brennendsten interessierte, war die Frage, wie die Papiere wieder aufgetaucht waren. Das erfuhr ich bald darauf aus einem Brief von Horst. Zwei Tage nach meiner Abreise war er nochmals zur Polizei gegangen, und da war der Brustbeutel schon wieder da! Bereits einen Tag nach unserer Fangaktion sei er bei der Frau des Polizeichefs abgegeben worden, versicherte ihm ein Polizeibeamter. Von wem abgegeben – das wußte man nicht. Und danach sei Herman, unser indonesischer Freund, auch sofort wieder laufengelassen worden. Natürlich drängte Horst nun auf die sofortige Nachsendung der Dokumente nach Jayapura zu meinen Bekannten. Sicherheitshalber ging er ein paar Tage später nochmals zur Polizei (der Gute!), um sich zu vergewissern, daß alles erledigt worden sei. Aber was sah er? Der Beutel lag immer noch in der Schublade, obwohl er beim erstenmal gleich eine Versandtasche besorgt hatte. Horst tat das einzig Richtige: Er nahm die Sachen und gab sie Christoph und Marianne mit, die eben von ihrer Bali-Rundreise zurückgekommen waren und nach Jakarta abfuhren. Man erwartete ja meine Rückkehr dorthin. Nach fünftägigem, ungeduldigem Warten und genau einen Tag vor dem Flug brachte ein Lieferwagen der Spedition den Brustbeutel. In dieser Minute hätte ich die ganze Welt umarmen können! Es fehlten natürlich die 100,– DM in bar und bezeichnenderweise auch die kleinen Traveller-Schecks mit 20 und 50 Dollar! Die 500-Dollar-Schecks waren den Burschen zu „heiß" gewesen! Die kleineren Werte bekam ich später in

Australien ersetzt. So endete also das „Emil und die Detektive"-Spiel auf indonesisch!

Der vorletzte Tag stand ganz im Zeichen von Aufbruchshektik. Ich schickte wieder ein großes Paket mit nicht mehr benötigter Ausrüstung und Mitbringseln vom Baliemtal nach Hause. Auf der Bank versuchte ich, meine überzähligen Rupiah in die Währung von Papua-Neuguinea umzutauschen, aber das devisenhungrige Indonesien rückt keine Fremdwährung heraus. So kaufte ich eben für das Restgeld Verpflegung ein: Konserven, Trockenkäse und Fischdosen. Ich würde sie sicherlich in den nächsten Tagen brauchen können. Meine Sandalen waren inzwischen auch schon wieder so löchrig wie die Schuhe des Camel-Mannes. Einer der vielen Straßenschuster auf der Hauptstraße brachte sie wieder in Ordnung. Bis Australien würden sie nun wohl wieder halten. Danach mußte ich noch auf die „Imigrasi", um die Überziehung meines Indonesien-Visums um genau eine Woche amtlich begründen und beglaubigen zu lassen. Die machten vielleicht Augen, als ich ihnen die Geschichte erzählte!

Dann hieß es Abschiednehmen von den Freunden. Ohne sie hätte ich das ganze Durcheinander kaum so gut durchgehalten, ganz abgesehen davon, daß es gutgetan hatte, wieder einmal Heimatkost und das Gefühl des „Daheimseins" zu genießen.

Papua-Neuguinea

Der Abend brach schon herein, als die kleine Maschine der Air-Niugini auf der Landebahn von Wewak aufsetzte. Zu den weißen Passagieren gehörten außer mir eine amerikanische Missionarsfamilie, die beiden kanadischen Entwicklungshelfer Philip und Sam sowie Max, der 68jährige Globetrotter-Rentner, der in der Südsee seine Freundinnen besuchen wollte. Sam und Philip hatten mich eingeladen, so daß ich mir um ein Nachtquartier keine Sorgen zu machen brauchte.

Die Einreiseformalitäten wurden sehr genau, aber korrekt und höflich gehandhabt. Besonderes Gewicht legten die Beamten auf die Impfungen gegen Cholera. Auch das Gepäck wurde genau inspiziert.

„Die Einfuhr von Holzwaren, Pflanzen und Lebensmitteln ist verboten. Gehören Ihnen die Konserven?"

„Ja, warum, kann ich die nicht behalten?"

„Nein, wegen Krankheitsgefahren, Sie müssen verstehen."

„Auch die Schuhe muß ich leider einbehalten. Da klebt zuviel Schmutz dran. Nach der Desinfizierung können Sie sie morgen wieder abholen."

Ich fügte mich, was blieb mir auch anderes übrig.

Philip und Sam hatten ihr Auto in Flugplatznähe geparkt, so daß es gleich weitergehen konnte. Beide waren etwas jünger als ich und hatten einen Kurzurlaub in Jayapura gemacht. Sie arbeiteten als technische Lehrer in einer großen Schule etwas außerhalb von Wewak.

Ich erwartete eine der üblichen Busch-Unterkünfte, staunte aber nicht schlecht, als ich in das auf hohen Metallpfosten stehende Haus eintrat: saubere, helle Räume mit weißen Kunststoff-Wänden, einer perfekt eingerichteten Küche und einem Bad mit richtiger Dusche und Toilette. (Hier muß ich einfügen, daß man in Indonesien meist nur die Plumpsklos kennt und sich aus dem *mandi*, einem gemauerten Wasserbecken, mit der Schöpfkelle „bewässert".)

Wir machten uns noch eine Kleinigkeit zu essen und legten uns bald in die Betten. Da wir morgens noch einiges in der Stadt zu erledigen hatten, wollten wir erst einen Tag später mit dem Auto durch den Busch zum Sepikfluß fahren. Neuguinea begann vielversprechend!

Noch ehe am anderen Morgen die zwei Freunde aufgestanden waren, blätterte ich in meinen Reiseunterlagen und las nach, was da über die Geschichte Neuguineas stand.

Schon beim Namen fängt die Verwirrung an. Neuguinea ist die Insel in ihrer Gesamtheit. Papua-Neuguinea nennt sich der seit 1975 selbständige Staat im Ostteil, während der Westen, wie wir inzwischen wissen, unter dem Namen Irian Jaya zu Indonesien gehört. Als die Portugiesen 1526 auf die Insel stießen, nannten sie ihre Neuentdeckung „ilha das papuas" – „Insel der Krausköpfigen". Von spanischen Seefahrern stammte die Bezeichnung „nueva guinea", denn die Küste erinnerte sie stark an die Küste von Guinea in Westafrika. Bei der kolonialen Aufteilung im letzten Jahrhundert entstanden gleich drei Neuguineas: „Holländisch-",„Britisch-" und „Deutsch-Neuguinea". Die deutsche Flagge wehte aber nur von 1884 bis zum Anfang des 1. Weltkriegs 1914. Den deutschen Spuren im ehemaligen

„Kaiser-Wilhelm-Land" gedachte ich noch ein bißchen nachzuspüren.

Aber zunächst stand ja die Sepik-Region auf dem Programm. Mit dem Wagen fuhren wir in das kleine, aber hübsche Städtchen Wewak, das unerwarteterweise einen angenehmen Gegensatz zu den lauten und schmutzigen Städten Indonesiens bildete. Meine Überraschung rührte wohl auch daher, daß ich mir unter Neuguinea ein kaum erschlossenes Steinzeitland vorgestellt und gar nicht mit einer gewissen Zivilisation gerechnet hatte. Meine Verwirrung steigerte sich noch, als auch die Autos an den Zebrastreifen wieder hielten, denn in den bisher bereisten Ländern war eine Straßenüberquerung oft nur durch einen entschlossenen Spurt zu wagen.

Nachdem ich Geld gewechselt hatte – P.N.G.'s Währung heißt „Kina", und ein Kina entspricht etwa 2,70 DM – und Proviant eingekauft war, vertieften wir uns am Abend in eine Detail-Karte, um die Route zum Sepik-Fluß zu besprechen. Viele rote Querstriche bedeuteten: Naturpisten, Staub und Schlamm. Aber Philip kannte das Gebiet bereits von früheren Fahrten.

Wir fuhren zunächst von Wewak auf einer Piste Richtung Maprik. Die Fenster des Wagens blieben des Staubes wegen geschlossen, wodurch wir bald einer mittleren Grilltemperatur ausgesetzt waren. Busch und Wald wechselten sich ab. Die Eingeborenen, die Papuas, die wir unterwegs und in den Dörfern sahen, trugen oft nichts weiter als einen Schurz und eine Kopfbedeckung. Manche hatten auch europäische Kleidungsstücke an, was ihnen ein trauriges Aussehen verlieh.

Es dauerte nicht lange, da kam das erste „Haus Tambaran" in Sicht. Diese mächtigen alten Kult- oder Geisterhäuser werden zu Recht als die schönsten Beispiele alter Naturbaukunst angesehen. Sie ragen zwischen anderen Hütten wie kleine Wolkenkratzer heraus. Auffallend ist die Form des Daches. Es verjüngt sich stark nach oben, wobei der Giebel sich vornüber neigt, und reicht bis auf den Erdboden. Der Eingang an der Frontseite ist nur eine kleine Öffnung. Die *tambarans* sind Geister, die als geschnitzte und gemalte Figuren im „Haus Tambaran" aufbewahrt werden.

Wir krochen ins Innere, in dem tiefste Dunkelheit herrschte. Erst mit der Zeit erkannte man im schwachen Licht, das durch die Dachritzen fiel, herrlich bemalte Masken und Statuen in den Farben Ocker, Weiß und Schwarz. Es gibt sie also noch, diese Geisterhäuser, wenngleich bei den ersten Missionierungsversuchen sehr viele

In einem „Haus Tambaran"

zerstört wurden und in einer zweiten Welle Kunsthändler und Touristen die Schätze aufkauften. Nur Männer durften früher in die Tambaranhäuser, den Frauen war es bei Todesstrafe verboten.

Wir fuhren weiter. Als das Gelände abflachte, machten wir im Dunst der Mittagssonne einige Hüttendächer aus.

„Das müßte nach der Karte Pagwi am Sepik sein", erklärte Sam, „es ist nicht mehr weit." Unser Plan war, ein Boot zu mieten und dann flußabwärts ein wenig Entdeckung zu treiben. Am Fluß lagen zwar genügend Einbäume mit schön geschnitzten Krokodilsbugspitzen – *puk-puk* genannt –, aber die Preise waren horrend. Unter umgerechnet 120,– DM ließ sich kein Bootsführer auf eine Vermietung ein! Und dabei hatten wir schon heruntergehandelt! Als Grund für ihre hohen Forderungen gaben die Leute die Anschaffung ihrer Außenbordmotoren an, die hier nämlich auch schon Einzug gehalten haben. Schließlich mußten wir uns fügen, wenn wir den langen Weg nicht umsonst gemacht haben wollten.

Mit schäumendem Kielwasser begann die Fahrt. Ich hockte im Bug, den Kopf gegen meine Tasche gelehnt. Wenn ich nach oben blickte, sah ich nur noch das strahlende Blau des Himmels. Anderen Booten begegneten wir kaum, nur dann und wann sahen wir stakende Männer, die wohl fischten. Die Menschen hier leben der Zeitrechnung nach zwar im 20. Jahrhundert, aber ihre Entwicklung ist vor Tausenden von Jahren stehengeblieben. Die Vergangenheit beschränkt sich für sie auf die Erinnerung, die Gegenwart auf die Sorge um das tägliche Essen und die Zukunft auf den morgigen Tag.

★

Was der Amazonas für Brasilien, das ist der Sepik, wenngleich auch in kleinerem Maßstab, für Papua-Neuguinea. Er ersetzt die Straßen ins Hinterland. Er bildet mit seinen vielen Nebenflüssen ein riesiges Sumpftiefland und ist ein fast unberührtes Reservat für Reptilien, Insekten und Vögel. (Der schönste davon ist der Paradiesvogel, P.N.G.'s Wappentier)

Ein Deutscher, der Ethnologe Otto Finsch, ist 1885 den Sepik als erster Europäer mit einem Holzboot von der Mündung hinaufgepaddelt. Er taufte den Sepik nach der Frau des deutschen Kaisers, Kaiserin-Augusta-Fluß. Geändert hat sich seitdem nur der Name. Die Sepik-Region ist immer noch das undurchdringlichste Gebiet von Neuguinea, Lebensraum für viele urtümliche Stämme.

Unser Bootsführer steuerte ein Dorf am Ufer an. Als ich an Land sprang, war ich sofort von einer dichten Wolke Moskitos eingehüllt. Philip lachte. „Ja, nun lernst du mal die berühmt-gefräßigen Sepik-Moskitos kennen. Denen entrinnst du nicht. Hier, sprüh dich mit diesem Repellent ein." Das nützte allerdings kaum etwas. Auch als ich die langen Hemdsärmel herunterließ, wurde die Stecherei nicht besser. Selbst der starke Jeans-Stoff war ihnen nicht zu dick. Es gibt nur ein einziges Mittel dagegen: immer bewegen, nicht stehenbleiben. Es fehlte nicht mehr viel, und die Biester hätten mich vollends eingepackt und heimgeflogen.

Alle Häuser des Dorfes – es waren Blockhäuser – standen auf starken Pfosten. Auch hier entdeckten wir wieder ein „Haus Tambaran", das aber hier am Sepik-Fluß mit der offenen Bauweise ganz anders aussah als das im Wewak-Maprik-Gebiet. Das durchhängende, gras- und schilfbedeckte Dach erinnerte mit den vorstehenden Giebelspitzen an eine Thai-Pagode. Philip erklärte, daß früher beim Bau eines Tambaran-Hauses unter jedem Stützpfosten ein Menschenschädel vergraben wurde – und dieses Haus hatte viele Pfosten! Diese Art von Grundsteinlegung wird heute aber nicht mehr praktiziert, und auch von den sehr vielen Schnitzkunstwerken ist nicht mehr allzuviel übriggeblieben. Das, was ich sah – Schilder, Figuren, Masken, Schlitztrommeln und Zeremonialstühle –, vermittelte jedoch einen guten Eindruck der einstigen Vielfalt.

Den ganzen Nachmittag waren wir auf dem Sepik unterwegs. Als uns aber dann plötzlich, mitten auf dem Fluß, ein mächtiger Wolkenbruch überraschte und wir klatschnaß wurden, kehrten wir schleunigst an Land

Ein typisches Dorfhaus am Sepik

Flußfahrt auf dem Sepik

zurück. Es war auch höchste Zeit, denn im Westen senkte sich schon die Sonne. Auf unsere Frage nach Übernachtungsmöglichkeiten wurden wir ein paar Kilometer vors Dorf geschickt zu einer Krokodilfarm, wo Weiße wohnten.

Nach kurzer Fahrt standen wir vor ein paar Baracken. Ich klopfte an jene, hinter deren Fenster schon Licht brannte. Ein bärtiger Typ meines Alters machte auf.

„Good evening."

„Hello!"

„We are looking for a place to stay overnight..."

Er unterbrach mich.

„Bist du Deutscher?"

„Ja."

„Komm herein, deine Freunde im Auto auch." Genausogut wie er aus meinem Englisch den deutschen Akzent heraushörte, erkannte ich seine schwäbische Spracheinfärbung. Deshalb fragte ich gleich im Dialekt weiter: „Wo bisch denn her?"

„Aus Vaihingen."

„Aha, ond i aus Markgröningen."

Ortsfremden muß ich nun sagen, daß beide Orte bei Stuttgart und nur wenige Kilometer auseinander liegen. Und Dietrich, wie der Landsmann hieß, kannte mich schon von Vorträgen. Er arbeitete als UN-Entwicklungsexperte – er war Zoologe – am Aufbau dieser Krokodilfarm. Damit verschafft der Staat auch den Menschen in den weltabgeschiedenen Sepik-Dörfern eine kleine Verdienstmöglichkeit, indem er ihnen junge, gefangene Krokodile abkauft, die auf dieser Farm aufgezogen werden. Von hier aus wandern sie dann in die Verarbeitungsfabriken.

„D'Welt isch halt kloi", sinnierten wir nachher bei „Lensa ond Spätzle" – die kocht a richtiger „Schwob" nämlich auch in der Fremde, und wenn es im letzten Buschdorf auf Neuguinea ist! So kann das Reisen spielen – eben macht man sich noch Sorgen um ein Nachtquartier, und in der nächsten Minute fühlt man sich wieder wie in der Heimat!

Auf den Spuren deutscher Geschichte

Reisen ist dauerndes Abschiednehmen! Ein paar Tage später schipperte ich mit einem rostigen kleinen Motorkahn entlang der Küste nach Süden. Es war die einzige Möglichkeit, aus Wewak herauszukommen, weil alle

Wege irgendwo im Dschungel enden und die Flugzeuge zu den Städten im Süden auf Wochen ausgebucht waren. Wie auf Irian Jaya ist das Flugzeug auch in P.N.G. noch vor dem Schiff und Auto das wichtigste Verkehrsmittel.

Von dieser Schiffsreise versprach ich mir nicht nur ein paar erholsame Tage, sondern auch geschichtlich interessante Entdeckungen, was die deutsche Kolonialgeschichte betrifft. Wer nämlich einmal auf eine Neuguinea-Karte schaut, der findet vertraut klingende Namen wie Marienberg (am Sepik), Hatzfeldhafen, Alexishafen, Finschhafen, Mt. Wilhelm (der höchste Berg Neuguineas mit knapp 5000 Meter!) und – auf alten Karten – Friedrich-Wilhelms-Hafen, das heute aber Madang heißt. Am zweiten Tag liefen wir in Madang ein, und der Kapitän, mit dem ich mich gut angefreundet hatte, sagte: „Seit dem Ende des 1. Weltkrieges steht das ehemalige Deutsch-Neuguinea unter australischer Verwaltung. Laß dir ruhig Zeit, schau dich um. Wir werden hier bis übermorgen liegenbleiben."

Schon bei den Gesprächen vorher hatte er von der schönen Lage des Städtchens zwischen Meer und Hügeln erzählt und mich ermahnt, ja nicht den alten Friedhof mit den vielen Gräbern der Deutschen zu versäumen. Ich fand ihn gleich neben dem Markt, eingerahmt von einer großen Steinmauer und beschattet von mächtigen Bäumen. Madang, bzw. das ehemalige Friedrich-Wilhelms-Hafen, war nach mehrmaligen Umzügen von südlicheren Küstenorten der letzte Versuch der „Deutsch-Neuguinea-Compagnie", auf Neuguinea Fuß zu fassen. Die vielen Gräber auf dem Friedhof beweisen jedoch, daß dieser Versuch zum Scheitern verurteilt war. Durch Malaria, Schwarzwasserfieber und andere Tropenkrankheiten starben die Leute wie die Fliegen. Nach einer alten Aufstellung arbeiteten von 1884 bis 1899 für die „Compagnie" 224 Leute, von denen 41 starben und 133 andere es nicht mehr aushielten. Danach entschloß man sich, auf die klimatisch günstigeren Inseln Neu-Pommern und Neu-Mecklenburg draußen in der Bismarck-See vor Neuguinea auszuweichen.

Der Kapitän hatte nicht zuviel versprochen. Madang ist eine sehr hübsche kleine Stadt. Es hat herrliche Parkanlagen mit riesigen Kasuarinenbäumen, in denen Tausende von kleinen Frucht-Fledermäusen hängen, und ausgesprochen wenig Verkehr. Die Menschen sind sehr freundlich, und es ließ sich leicht ein Gespräch anknüpfen. Wie in Wewak sind auch hier die „Aussies", die Australier, stark vertreten, die in bester britischer Tradition in Kniestrümpfen und kurzen Hosen die Handelsgeschäfte führen und abends im Club aufkommendes Heimweh mit viel Bier hinunterspülen.

Ein Wermutstropfen fällt jedoch in das bis jetzt so positive Bild meines neuen Reiselandes: Das Leben ist extrem teuer! Mit der Zeit merkte ich aber dann, daß es durchaus möglich ist, mit wenig durchzukommen, wenn man sich nur auf seine Erfahrungen in solchen Situationen besinnt. Zum Beispiel: keine Restaurantbesuche, sondern Verpflegung von Märkten und aus Supermärkten. Keine Hotelübernachtungen, sondern mal wieder im Freien, in leeren Schulen oder ähnlichen Gebäuden schlafen. In Madang konnte ich die Nächte an Bord verbringen, so daß es da keine Schwierigkeiten gab. Die einzigen Kosten, denen man nicht entrinnt, sind die für den Transport. Flugzeuge, Schiffe und Busse kosten eben ihr Geld. Von Vorteil erwies sich da der internationale Studentenausweis, auf den man Verbilligungen bekommt. So konnte ich

Diese Flußdurchquerung war leider unumgänglich

in P.N.G. die vier Inlandsflüge, auf die ich einfach angewiesen war, jedesmal um 25 Prozent im Preis drücken!

Am zweiten Tag machte ich mich auf die Suche nach dem Grab des legendären deutschen Gouverneurs von Neuguinea, Curd von Hagen, der hier in der Gegend von einem Eingeborenen hinterrücks ermordet wurde. Mit etwas Marschverpflegung im kleinen Rucksack brach ich frühmorgens auf, ohne zu ahnen, daß ich eine Flußdurchquerung, bei der ich bis zum Hals im Wasser stand, und einen Dschungelmarsch vor mir hatte. Nachdem ich anfangs von einem Auto mitgenommen worden war und der Mann mir die weitere Marschrichtung erklärt hatte, fand ich in einem Dorf einen jungen Burschen, der bereit war, mein Führer zu sein. Die ersten Stunden durch den Dschungel waren ein Alptraum. Ich sah alles verzerrt. Auf jedem Ast saß eine schleimige Kreatur, die nur darauf wartete, sich auf den ahnungslosen Wanderer herabfallen zu lassen. Und hinter jedem Schatten lauerte ein schreckliches Ungeheuer. Aber diese Angst legte sich, als die Kleider naßgeschwitzt waren, als ich mehr auf sicheren Tritt als auf die Umgebung achtete und kurzatmig versuchte, mit dem Führer Schritt zu halten, der vor mir den Weg freihackte und sich beinahe im Laufschritt bewegte. Die Widrigkeiten eines Dschungelmarsches machten mir allerdings sehr zu schaffen. Blickt man nämlich zu Boden, um vorsichtig über eine knorrige Wurzel zu steigen, entführt einem eine dornige Ranke den Hut vom Kopf. Achtet man auf die Hindernisse über einem, stolpert man über einen Baumstamm. Man muß sich auch erst an die auf dem nächsten Ast schlafende Schlange gewöhnen und darf nicht bei jedem Geräusch aus dem Unterholz erstarren. Dank der hohen Luftfeuchtigkeit herrschte eine Temperatur wie in einer Sauna. Der Schweiß floß in Strömen. Flüssigkeitsnachschub holte mein Führer aus Kokosnüssen, die überall unter Palmen lagen. Die besten Nüsse sind übrigens die grünen, die noch an den Bäumen hängen. Das Fruchtfleisch ist noch weich wie Soft-Eis und die Milch glasklar. Man darf das Pflücken aber nur den Naturkindern überlassen, nur sie bringen es fertig, flink wie die Affen an den rauhen Stämmen hochzuklettern und dann die Kokosnüsse mit den Beinen von der Krone zu drücken.

Als die Sonne am höchsten stand, hatten wir unser Ziel fast erreicht. Im letzten Dorf baten wir die Einheimischen, uns das Kreuz an der Mordstelle zu zeigen. Es steht mitten in hohem Buschgras und trägt die Jahreszahl 1897. Curd von Hagen muß ein allseits beliebter Mann gewesen sein, wie aus der Inschrift auf einer Steinsäule hervorgeht, die einige hundert Meter weiter auf seinem eigentlichen Grab

Diese Steinsäule erinnert an den Gouverneur Curd von Hagen

steht. Am erstaunlichsten finde ich aber, daß die Einheimischen die Gräber ihrer ehemaligen Kolonialherren auch noch nach über 80 Jahren erhalten und pflegen!

Der Weg zurück war nicht mehr so beschwerlich. Ich legte des öfteren eine Rast ein, um den Fischern am Meer, an dem wir immer wieder vorbeikamen, ein wenig bei der Arbeit zuzuschauen. Die Fische, die gleich nach dem Fang von den Frauen zubereitet wurden, schmeckten herrlich! Bei Sonnenuntergang stand ich wieder im Hafen von Madang und erlebte eine böse Überraschung. Die *Umboi*, das Boot, war nicht mehr da! Hatte der Kapitän seinen Abfahrtstermin einfach vorgezogen? Was tun? Mein ganzes Gepäck war noch an Bord! Während ich noch so dastand und unschlüssig umherblickte, näherte sich mir ein kleiner Junge.

„Yu lukim bigpela baut? Kaman, me so yu!"

Aha, der wußte offensichtlich, wo sich das Schiff befand! Ich ließ mich von ihm führen, und nachdem wir eine halbe Stunde rings um die kleine Hafenbucht gegangen waren, entdeckte ich die *Umboi* versteckt hinter ein paar Lagerschuppen.

Kleine Sprachkunde

Das Hilfsangebot des Jungen wurde in einem etwas seltsamen Englisch ausgesprochen. Das war „Pidgin", neben „Motu" die zweite Amtssprache von P.N.G. Es dürfte wohl die seltsamste Sprache der Welt sein, die ich hier mit ein paar Beispielen veranschaulichen möchte.

Das Pidgin entstand im letzten Jahrhundert als Handels- und Verkehrssprache zwischen Ostasiaten und Europäern. Der Begriff entstand aus einer Verballhornung des englischen Wortes „business". Im Laufe der Zeit verbreitete sich diese Sprache auch auf den melanesischen Inseln. Es ist ein Sprachenmischmasch, das auf dem englischen Wortschatz, aber auf der einfachen melanesischen Grammatik basiert. Weiteres Wortgut floß in der europäischen Kolonialzeit ein. Geschrieben wird das Pidgin genauso wie man es spricht, wobei die englischen Wörter leicht zu erkennen sind. Einfachstes Beispiel ist Niugini, was nichts anderes als die Lautschrift von „New Guinea" ist. Ein paar weitere, lustige Beispiele:

to wash = was-was
bathroom = rum was-was
Tuch oder Stoff = lap-lap

Badetuch: lap-lap bilong was-was

„Bilong" kommt von „belong" und ist die einzige Präposition. Ein „lap-lap bilong windau" ist demzufolge ein Vorhang, ein „lap-lap bilong teibl" ein Tischtuch. Wer etwas kaufen will, sagt: „mi laik baim" (me like buy). „Essen" ist „kai", ein Restaurant ein „haus kai". Dort bekommt man das „kai bilong moning", das Frühstück, und wenn es gut war, sagt man „nambawan", was soviel wie „number one", erstklassig, heißt. Und wenn man sich dort allzu laut benimmt, kann sein, daß der „masta" „raus'em" sagt, man soll „raus" gehen. Das ist nun ein deutsches Wort und hängt sicherlich mit dem Kommandoton der alten Deutschen zusammen. Für Kartoffeln steuerten wir noch „kau-kau" bei. Ein „wantok" ist ein Freund,

Ein Plakat zum Umweltschutz in Pidgin

ein Landsmann, denn beide sprechen „one-talk", eine Sprache. Dieses Wort ist auf P.N.G. sehr oft zu hören, weil sich bei der Vielzahl der Stämme und Sprachen die Leute bei der Arbeit oder in Städten zu „wantoks" zusammenschließen. Kaum zu glauben, aber doch wahr: In P.N.G. herrscht ein babylonisches Sprachengewirr, denn hier werden 700 verschiedene Sprachen gesprochen! Keine Dialekte, wohlgemerkt, sondern Sprachen, die so grundverschieden sind wie etwa Deutsch und Türkisch! Von daher erklärt sich auch die so weite Verbreitung des Pidgin, das als Verbindungssprache zwischen all diesen Sprachgruppen dient. Mit nur etwa 1300 Wörtern ist natürlich das Pidgin weit davon entfernt, eine ausdrucksreiche Sprache zu sein. So müssen immer wieder neue Begriffe und Dinge umschrieben werden, weil es kein Wort dafür gibt. Ein Beispiel: Es gibt im Pidgin kein eigenes Wort für „Bulle" (engl. „bull") oder Kuh („cow"), sondern nur ein gemeinsames, nämlich „bulmakau" (bull-and-a-cow). Das Wort für weiblich ist „meri" (von „Mary"), so daß eine Kuh als „bulmakaumeri" und ein Ochse als „bulmakaumen" bezeichnet wird. Ich verbrachte ganze Stunden an Bord des Schiffes mit einem Wörterbuch, das immer wieder neue lustige Überraschungen bot.

Inzwischen hatte ein Großteil der Passagiere und der Fracht das Schiff verlassen, so daß es bei der Weiterfahrt nach Lae etwas „Luft" gab. Der Großteil der Leute hatte sich übrigens vorne auf den Ladeluken breitgemacht, dicke Mammies mit Kindern auf den Armen, in bunte Gewänder gehüllt, während die Männer den halben Hausrat an Schüsseln und Töpfen hinter sich herschleppten. Nur wer ein paar Kina mehr bezahlen konnte, durfte zu mir aufs

Achterdeck (wogegen es mir seltsamerweise nicht gestattet wurde, einen der billigen Plätze beim „gemeinen Volk" einzunehmen – war das dem Europäer, dem Weißen, nicht zuzumuten?).

Mein Spielraum war nicht groß. Wenn ich nicht las, Briefe oder Tagebuch schrieb, lehnte ich an der Reling und blickte aufs Meer hinaus. Dort wurde auch die klebrige Hitze angenehm vom Fahrtwind gemildert. Manchmal schoben sich palmengekrönte Inseln heran, auf denen Hütten zu erkennen waren. Kinder winkten trotz der Ferne herüber. Als einziger Weißer an Bord wurde ich zwar neugierig betrachtet, sonst aber höflich in Ruhe gelassen. Ganz im Unterschied zu Indonesien, wo man den Fremden immer etwas zu fragen hat oder ihm etwas verkaufen will. Mein Proviant an Keksen, Fisch in Dosen und Wurstbüchsen steckte in meinem Rucksack. Für einen Tee oder Kaffee konnte ich mir heißes Wasser in der Mannschaftskombüse holen. Am schönsten war es morgens, wenn unter der Paradiesvogelflagge am Heck die Sonne emporstieg und ich aus meinem Schlafsack schlüpfte. Dazu gaben fliegende Fische und Delphine eine Morgenvorstellung, manchmal war auch eine Dreiecksflosse darunter!

Dann kam Lae in Sicht, die Fahrt der *Umboi* war zu Ende. Wie sollte es nun weitergehen? Von hier aus ins Landesinnere, in die Highlands? Oder noch ein bißchen Seeluft schnuppern, vielleicht zu einer Insel fahren, nach New Britain? Ich wollte es dem Zufall und den Möglichkeiten überlassen, ein Schiff dahin zu finden. Deshalb sah ich mich in dem nicht allzu großen Hafen um. Beim Hafenmeister ließ ich mir die Schiffahrtslinien vorlegen. Da lag auf Pier zwei die *Cosmaris,* ein mittelgroßer

Frachter, der nach Rabaul, der größten Stadt auf New Britain, auslaufen sollte.

„Aber ich weiß nicht, wann sie losfährt", sagte der Hafenmeister. „Sie müssen den Kapitän fragen."

Ich suchte mir den Weg durch Ladegut und Frachtcontainer zur Gangway. Doch der Kapitän lag noch in seiner Koje, er habe die ganze Nacht gearbeitet, hieß es. Ich sah derweil zu, wie das Schiff beladen wurde. Die *Cosmaris* hatte ein großes Bugtor, also war es ein gar nicht so alter Kahn. Arbeiter, lauter kräftige, große Burschen, schoben Fässer heran und ließen sie mit viel Geschrei die schiefe Ebene des Bugtors hinabrollen. Und unten mußten dann die Kollegen mit vielen Ausweichhopsern die wuchtig anrollenden Fässer wieder stoppen. Dann entdeckte ich noch ein Schiff mit dänischer Heckflagge und schlenderte dorthin. Es hätte ja sein können, daß da hinten für einen hungrigen Tramp ein gutes Smörgasbrod und ein paar Flaschen Tuborg-Bier warteten. Fern der Heimat in irgendeiner verlassenen Gegend kann man mit Seeleuten schnell Freundschaft schließen, und die wissen oft genau, womit sie einem eine Freude machen können.

Kaum war ich am Schiff angekommen, rief ein Blondschopf herab: „He, was treibst du den hier in diesem gottverlassenen Hafen? Komm rauf!"

Diese Einladung hatte ich mir nach der eintönigen Verpflegung auf der *Umboi* insgeheim gewünscht. Einmal wieder ein frisches Stück Brot und ein kühles Bier! Genau das bekam ich auch. Gern wäre ich noch etwas geblieben, doch ich mußte den Kapitän der *Cosmaris* treffen.

Er war inzwischen aufgestanden und an Deck.

„Kapitän, Ihr Schiff fährt nach Rabaul, kann ich mitkommen?"

„Das wird schwierig", erwiderte der Kapitän, ein Halbchinese, „ich habe schon ein paar Gäste an Bord. Es sind
keine Kabinen mehr frei."

„Und wenn ich mir ein Plätzchen auf Deck suche?
Zwischen der Ladung?"

„Nein, das geht nicht. Höchstens auf der Back. Allerdings müßtest du dann auf einem Liegestuhl schlafen. Ich
habe eine Schaumgummimatratze dafür."

„Das ist doch hervorragend. Und der Preis wird dadurch
auch ein bißchen günstiger, oder?"

„Vierzig Kina kostet es."

Das war wieder viel Geld. Doch für eine mehrtägige
Reise bei voller Kapitänsverpflegung angemessen. Ich
zögerte nicht weiter.

„Okay, mein Rucksack ist noch auf der *Umboi*. Heute
nacht schlafe ich noch mal dort und komme morgen früh."

Erleichtert verabschiedete ich mich. Das leichte Südsee-
feeling, das ich schon auf der *Umboi* verspürte, würde sich
auf dieser Fahrt und dann auf New Britain sicherlich
verstärken.

Mit der Cosmaris nach Rabaul

New Britain, das die Deutschen in ihrer Zeit „Neu-
Pommern" nannten, ist die größte Insel von P.N.G. Sie
teilt sich in zwei vollkommen verschiedene Hälften auf.
Den Ostteil bildet die Gazellen-Halbinsel, wo der Kontakt mit europäischer Zivilisation am längsten besteht und
wo Land und Leute am fortschrittlichsten sind. In krassem
Gegensatz dazu steht der andere, westliche Inselteil. Er ist

wenig bevölkert, noch weniger entwickelt und hatte bis 1960 kaum Kontakt mit Europäern. Für die meisten Besucher heißt jedoch New Britain Rabaul – jene kleine, wunderhübsch gelegene Hafenstadt an der Blanche-Bay, die von Vulkanbergen eingerahmt wird.

Auf der *Cosmaris* fühlte ich mich wie in Abrahams Schoß. Mein Lager hatte ich auf der Back aufgeschlagen, im Windschutz der hinteren Aufbauten. Ein kleines Tischchen diente zur Ablage, und den Liegestuhl konnte ich nachts zum Bett ausklappen. Das vorzügliche Essen in der Kapitänsmesse stillte meinen von der Seeluft geweckten Appetit. Das Wetter war gut, die Luft klar. Die Küstenlinie von New Britain blieb fast immer in Sichtweite. Die Insel ist immerhin knapp 500 Kilometer lang!

Wenn ich über diese erste Zeit in Papua-Neuguinea nachdachte, so machte ich einige Feststellungen, die sich auch auf die großen, fast menschenleeren Länder Afrikas anwenden ließen. Je seltener ein Fremder, ein Tourist, auftaucht, desto eher wird man ihm weiterhelfen. Man ist allein, doch nicht einsam. Allein reisen durch ein Land wie Neuguinea bringt natürlich auch seine Schwierigkeiten, und nicht jeder würde sich dieses Ziel aussuchen, aber machen Schwierigkeiten, Bewährungen, nicht letzten Endes den Reiz einer Reise aus? Wer es wie zu Hause haben will, sollte sein Geld nicht fürs Reisen verschwenden. Er wird dann allerdings auch nie das Gefühl erleben, wie es ist, wenn man hungrig oder durstig von wildfremden Menschen hereingebeten wird, wenn man sich beim Nachtlager ganz unerwartet in einem weichen Bett anstatt auf hartem Boden wiederfindet. Bei einer Fahrt im eigenen Wagen, womöglich noch mit Koch- und Schlafgelegenheit, bleibt die Welt draußen, und man kann sich bei

Blick auf Rabaul, Hauptstadt von New-Britain

Schwierigkeiten einfach davonmachen. Man wird mit einem eigenen Fahrzeug vielleicht mehr sehen, aber wird man auch mehr erleben, die Menschen richtig kennenlernen? Das Reisen mit dem Rucksack ist wie das Reisen mit dem Fahrrad die wohl intensivste Form des Erlebens.

Nach zwei Tagen tauchte die Gazellen-Halbinsel auf. Hier also kreuzte vor hundert Jahren „Seiner Majestät des deutschen Kaisers" Schiff *Gazelle,* um ein schönes Plätzchen für die neue Hauptstadt der Kolonie zu suchen, und sie konnte wohl kaum ein schöneres finden als das, wo jetzt Rabaul liegt. In meinem „New Guinea handbook" war als Unterkunftsadresse ein „Community Hostel", eine Art Jugendhaus, aufgeführt. Es lag ganz ruhig in Zentrumsnähe. Der Preis für die Übernachtung betrug nur etwa 7,– DM, was für P.N.G. geradezu spottbillig war. Diese Unterkunft erwies sich als idealer Ausgangspunkt für meine Unternehmungen auf dieser geschichtsträchtigen Insel, die Ende vorigen Jahrhunderts von der „Deutsch-Neuguinea-Compagnie" in Besitz genommen wurde. Die Grabsteine auf dem „German Cemetery" erzählen von „Unbekannten Deutschen", die für den Kaiser gefallen sind, von einem „Südsee-Expeditionsführer", von „Pflanzern" und „Missionaren".

Die schillerndste Figur jener Tage war jedoch eine Frau, „Queen Emma"! Sie wurde schon zu Lebzeiten, um die Jahrhundertwende, zur Legende! Auf Samoa als Halbblut geboren, tauchte sie 1878 auf der Gazellenhalbinsel auf und erkannte sofort, daß sich die fruchtbaren Vulkanböden hervorragend für Kopraplantagen eigneten. Als die Deutschen ankamen, besaß sie schon eigene Schiffe, Warenhäuser und mitten in der Wildnis einen luxuriösen Landsitz, Guantambu genannt. Nur noch eine Freitreppe, die zum Meer hinabführt, erinnert daran. Der weite Blick über die Blanche-Bucht ist jedoch heute noch genauso schön wie damals. Hier empfing die Dame Gäste aus aller Südseewelt, und wenn man den alten Büchern glauben darf, so wurden auf Guantambu rauschende Feste gefeiert, mit allem, was in jenen Tagen gut und teuer war. In ihren Diensten standen einige exotisch-schöne Mädchen aus Samoa, sicherlich zum Entzücken der damaligen Kolonie-Männerwelt. „Queen Emma" selbst muß auch eine Schönheit gewesen sein. Sie war ein paarmal verheiratet, zuletzt mit einem Deutschen namens Kolbe. Beide verunglückten 1913 bei einer Europareise tödlich. Ich fand das Urnengrab in der Nähe von Guantambu, doch es ist leer, ausgeraubt. Man nimmt an, daß es Eingeborene waren, die glaubten,

Freitreppe von „Queen Emma's" Palast

Japanischer Bomber aus dem 2. Weltkrieg

mit dem Besitz der Urne würde auch ein wenig von der Macht und dem Reichtum dieser Frau auf sie übergehen.

Im 2. Weltkrieg wurde Rabaul von den Japanern erobert und zu einem wichtigen Stützpunkt ausgebaut. Kommandozentralen und Versorgungseinrichtungen wurden unterirdisch angelegt. Das Bunkersystem überstand den Bombenregen der Amerikaner unbeschadet, die Stadt selbst wurde jedoch vollkommen zerstört. Rings um die Stadt kann man noch überall Flugzeuge, Panzer und Kanonen sehen, als hätten die Kämpfe erst vor ein paar Jahren stattgefunden.

Das größte Kannibalenmahl aller Zeiten

Einmal machte ich auch mit einer kleinen *Cessna* den Hopser zur Nachbarinsel New Ireland, dem früheren „Neu-Mecklenburg". Dort nennt sich die einzige und wohl älteste Straße von P.N.G. stolz noch „Boluminsky-Highway", benannt nach dem damaligen deutschen Verwalter während der Kolonialzeit. Sie wurde angelegt, damit die Kopra schneller in den Hafen von Kavieng, dem verschlafenen kleinen Hauptort der Insel, befördert werden konnte. Der Verwalter ging mit deutscher Gründlichkeit an seine Aufgabe. Er verlangte von den Eingeborenen, daß jedes Dorf seinen Gebietsabschnitt selbst zu bauen habe. Als Belag wurden zermahlene Korallen verwendet. Der deutsche „Master" fuhr dann mit seinem Pferdewagen die Straße ab, und wo sie nicht seinen Qualitätsansprüchen genügte, ließ er die Pferde aus- und statt deren die

Eingeborenen einspannen, und ab gings mit hellem Peitschenklang! Durch diesen „Lernprozeß" entstand zwar mit der Zeit eine hervorragende Straße, aber die Methode trug nicht gerade zur weiteren Beliebtheit der Kolonialisten bei.

Auf New Ireland scheint die Zeit stillzustehen. Ich trampte den Boluminsky-Highway auf und ab, wobei ich aber froh sein konnte, wenn überhaupt ein Auto vorbeikam. In den kleinen Dörfern entlang der Straße hätte man sich vergessen können. Der Duft von wilden Blumen, von Frangipani und Hibiskus, lag in der Luft. Kinder tollten im glasklaren, warmen Wasser des Meeres.

Ganz an der Südspitze dieser langen, fingerförmigen Insel liegt Kap George, wo sich vor genau hundert Jahren das Ende eines der sonderbarsten Kolonialunternehmen abgespielt hat, man nennt es auch die „größte Kannibalenmahlzeit der Weltgeschichte"!

Was war vorgegangen?

Die Geschichte beginnt im Frankreich des vorigen Jahrhunderts. Dort lebte ein gewisser Marquis de Ray, eine verkrachte Existenz, der die Berichte von den Entdeckungen in der Südsee begeistert verfolgte. Und er hatte eine Idee! Die Gründung einer neuen und unabhängigen Kolonie: „La Nouvelle France"! Dies sollte auf New-Ireland verwirklicht werden. Gegen Geld gab er Anteilscheine aus, die dem Käufer das Recht über Grund und Boden gaben, die der Marquis angeblich schon auf dieser Insel von den Eingeborenen erworben hatte.

„Der Ort ist ein Paradies", versprach er. „Wir müssen nur noch losfahren!"

Tausende meldeten sich und fielen auf den Schwindel herein. Bilder von einem blühenden Land, von Früchten in

Hülle und Fülle und von Dörfern in ewigem Sonnenschein machten die Runde. Es muß wie ein Rausch gewesen sein. Der Marquis ließ Uniformen und Abzeichen herstellen, und je nach Größe des Landkaufs konnte sich schon jeder vorher Herzog, Baron oder Graf von „Nouvelle France" nennen. Einwände wurden als unbegründet abgetan. Pah, die Wilden ließen sich mit der Zeit schon zur Feldarbeit zähmen, und mit den angeblichen Kannibalen würde man auch zurechtkommen, wofür gab es denn Pulver und Blei! Allons mes enfants!

1879 fuhr das erste Schiff mit 80 Personen ins gelobte Land ab. Als aber die Auswanderer nach der langen Reise an der Südspitze New Irelands ankamen, sahen sie sich keinem Paradies, sondern einem wild wuchernden Dschungel gegenüber. Als die Vorräte erschöpft waren, begann das große Sterben. Tropenkrankheiten waren die eine Ursache, Überfälle der Eingeborenen die andere. Denn auf allen Inseln des Bismarck-Archipels war Kannibalismus ein ganz normaler Teil des Lebens! Die Stämme New Irelands konnten ob der ungeheuren Frischfleischlieferung nur noch Freudentänze aufführen! Nach schwachem Widerstand landeten fast alle Franzosen in den Kochgruben. Neue Schiffe aus Frankreich brachten weitere Siedler, denen es nicht viel anders erging. Den Schiffskapitänen war es nämlich verboten worden, Leute wieder zurückzubringen. Der Marquis selbst blieb in Frankreich und strich weiter Geld ein. Wie viele schließlich umkamen, ließ sich gar nicht mehr genau ermitteln. Die Ausrüstung der Siedler wurde nach und nach von den Eingeborenen geholt, bis auf einen großen Mühlstein, der zu schwer war. Die törichten Leute hatten ihn mitgebracht, um damit ihr Korn zu mahlen! Irgend jemand brachte diesen Stein

Der Mühlstein aus Frankreich

später nach Rabaul, und noch heute steht er dort in der Mango-Road zur Erinnerung an diese Tragödie. Dem verrückten Marquis aber wurde, nachdem schließlich doch alles herauskam, der Prozeß gemacht. Doch noch vor Verbüßung einer langen Gefängnisstrafe starb er.

Südsee-Feeling

Ende Januar war ich nun den vierten Monat unterwegs. Schon oder erst – das Gefühl ist bei jeder Reise anders. Wenn man die leichten Krisen der ersten Wochen und Monate überwunden hat, dann gleitet man langsam in einen anderen Rhythmus. Verkümmerte Instinkte erwachen, die Sinne schärfen sich, und die Tyrannei der Zeit fällt ab. Man entdeckt das Leben neu und lernt es wieder in seinen natürlichen, ursprünglichen Dimensionen kennen.

Ich erlebte diese Dimensionen in der üppigen Fruchtbarkeit der Tropen, in den betörenden Gerüchen von Blumen und Blüten, bei einer Vielzahl von Menschen und Kulturen, in den Nächten unter einem klaren Sternenhimmel, die ungeahnte Eindrücke und Empfindungen hervorrufen. Empfindungen, die man allerdings wie eine Impfung immer wiederholen muß, wenn sie wirksam bleiben sollen. Das ist wohl auch einer der Gründe, warum es jeden, den's einmal „gepackt" hat, immer wieder hinaustreibt!

Als wir den „outrigger", das typische Südsee-Auslegerkanu, über feinen Korallensand ins Meer schoben, und das Licht, das Wasser, die Luft, die nach Vanille und Kokos roch, mich zu stimulieren begannen, und als wir dann nach den Paddeln griffen und losfuhren, da stellte sich dieses Lebensgefühl wieder ein. „Wir", das waren ein paar kleine Jungen und ich, die zusammen über die Blanche-Bucht zum Matupit-Vulkan paddelten. Der Rhythmus der einstechenden Paddel regte zum Singen an, einer der Jungen

Diese Jungen paddelten mich zum Matupit-Vulkan

fing an, und die anderen fielen ein. Eine leise, ruhige Melodie, mehrstimmig gesungene Vergangenheit, vom Leben als Fischer, von Natur und Liebe. Die Sonne tanzte auf den sich kräuselnden Wellen. Als ich Beifall klatschte, überboten sie sich gegenseitig durch Soli.

Wir zogen das Boot an den Strand und machten uns an den Aufstieg zum Matupit. Ein paar Kokosnüsse wurden als Marschverpflegung mitgenommen. Der Berg ist nicht hoch, doch der Weg führt durch Gestrüpp und über lockeres Gestein, so daß es trotzdem seine Zeit dauert. Je höher wir kamen, desto durchdringender roch es nach Schwefel. Grüngelbe, schwarze und braune Lavabrocken lagen umher, und aus vielen Erdspalten stiegen Dämpfe und Rauch auf. Auf New Britain gibt es die meisten

Vulkane und Erdbeben auf ganz P.N.G., und immer wieder beschließt Mutter Natur, es hier ein bißchen wackeln und rauchen zu lassen. Das letzte große Unglück ereignete sich 1937, als eine kleine Insel, die aus der Blanche-Bay aufragte, in der Nacht mit einem riesigen Knall explodierte. Bei Tageslicht war aus der kleinen Insel ein riesiger Kegel geworden, der sich durch ausströmende Lavamassen mit dem Festland verbunden hatte. Über 500 Menschen kamen um. Die Blanche-Bay selbst ist nichts anderes als ein riesiger überfluteter Krater von einigen Kilometern Durchmesser. Kleinere Ausbrüche der auf dem äußeren Rand aufsitzenden Vulkankegel sind so alltäglich, daß es schon ein bißchen mehr braucht, um die Leute hier aufzuregen.

Auf dem Matupit wünscht man sich eine 360°-Kamera, um den herrlichen Ausblick auf die Vulkanberge, das Meer und die vielen kleinen Inseln festhalten zu können.

Eine der kleinen Inseln, Kabakon, wurde während der deutschen Kolonialzeit übrigens die Zuflucht von Leistungsverweigerern und Aussteigern, die es damals auch schon gab.

Ein Nürnberger namens Engelhard scharte ein paar Gleichgesinnte um sich, die wie er überzeugt waren, der neue und wahre Weg zu Glück und Gesundheit seien Kokosnüsse und Nudismus. Seine Anhängerschaft zählte zeitweise bis zu dreißig Köpfe, und überall wurde Engelhard nur noch als „der Kokosnußapostel" bezeichnet. Die Ur-Hippies lebten sicherlich eine Zeitlang ganz gut, doch mit der Zeit müssen Kokosnüsse, Sonnenschein und Nudismus langweilig geworden sein. Einige gaben auf, andere wurden krank, und Engelhard selbst starb vor Beginn des Ersten Weltkriegs auf seinem kleinen Paradies.

Der „Kokosnußapostel" mit zweien seiner Anhänger

In die Highlands von P.N.G.

Nach diesem kurzen Vorgeschmack auf die Südsee flog ich nach Lae zurück, um von dort aus die Highlands kennenzulernen. Da der Flugplatz in der Nähe der Ausfahrtsstraße liegt, konnte ich mich gleich nach Verlassen des Flugplatzes an die Straße stellen und mit dem Daumen winken.

Es dauerte nicht lange, da stoppte ein japanisches Auto neben mir. Der weiße Fahrer kurbelte das Fenster herunter.

„Wohin?"

„Nach Goroka. Fahren Sie dorthin?"

„Ich will noch heute dort sein! Steig ein!"

Goroka ist nach Lae die nächstgrößere Ansiedlung, ungefähr 300 Kilometer entfernt. Wegen der schlechten Straßenverhältnisse machte ich mich auf eine lange Rütteltour gefaßt. Eine hoch aufsteigende Staubwolke hinter uns herziehend, knüppelte Jim – so hieß der weiße Australier – das Auto durch Schlag- und Staublöcher.

„Yeah", meinte er, „so ist das auf der Autobahn von P. N. G. Hier hält kein Auto länger als fünf Jahre."

Während der Fahrt kamen wir immer wieder an Straßenbaukolonnen vorbei, die erste Teerbeläge auftrugen. „Wird nichts ausgebessert, bleibt nach der Regenzeit alles im Schlamm stecken, wie auf einem frischgepflügten Acker", war Jims Kommentar dazu. Ständig ging es bergauf. Und mit der Höhe kam der Staub. Unsere anfangs kleine Fahne verlängerte sich zu einem Raketenschweif.

Mich packte das große Zittern, wenn wir beim Überholen anderer Fahrzeuge direkt in deren Staubwand hineinrasten. Bloß jetzt nichts von vorne! Die vielen Wracks am Straßenrand erzählten davon, wie andere Versuche ausgegangen waren. Unsere Windschutzscheibe war übrigens durch einen „butterfly", ein vorklappbares stabiles Drahtgitter, vor Steinschlag geschützt, was bei diesen Straßenverhältnissen eine lebensrettende Maßnahme war.

Jim erzählte, wo er schon in P.N.G. gewesen war, von seiner Arbeit bei einer Baufirma und von den einheimischen Arbeitern. Viel hielt er nicht von ihnen. „Bastards" und „kanaks" waren noch seine mildesten Bezeichnungen. Diese Geringschätzung, ja Mißachtung den Einheimischen gegenüber hatte ich bei den Australiern schon öfter erlebt, aber sie stieß mich immer wieder mit gleicher Heftigkeit ab.

Die touristische Sensation von Goroka sind übrigens die „Asaro-mud-men"! Asaro ist ein kleines Tal in der Nähe der Stadt, und mit der Geschichte dieser „Schlamm-Menschen" soll es folgende Bewandtnis haben: Die Männer des Asaro-Tales hatten vor langer Zeit einen Kampf verloren. Sie flüchteten in ein Schlammgebiet und kehrten in der Dunkelheit wieder auf das Kampffeld zurück – über und über mit weißem Schlamm beschmiert. Ihre Gegner verfielen in panische Angst, weil sie dachten, die Toten seien auferstanden und kämen nun als weiße Geister, um die Asaro zu rächen. Diese Flucht wird heute nun als Touristen-Spektakel aufgeführt, mit furchterregenden Schlammasken im Astronauten-Look.

Mein nächstes Ziel – Hagen, die „Hauptstadt" der Highlands – erreichte ich mit den öffentlichen Verkehrsmitteln, und zwar mit den "PMV's" (Public Motor Vehic-

Ein „PMV" – öffentliches Verkehrsmittel in P. N. G.

les), die in Papua-Neuguinea den Transport von Ort zu Ort übernehmen. Das können Busse, Kleintransporter oder umgebaute Lastwagen sein, wo man auf harten Bänken und zugigen Pritschen sitzt. Am Daulo-Paß in 2500 Meter Höhe wurde es so kalt, daß ich auch noch den Pullover aus dem Rucksack kramen mußte. Die Chimbu-Provinz war erreicht. Hier sind die Hochlandtäler kleiner und auch schwerer zugänglich. Trotzdem ist es das am dichtest besiedelte Gebiet von P.N.G. Die Chimbus haben die steilen Berge bis zu den gerade noch begehbaren Stellen mit Gärten überzogen. Angebaut wird hauptsächlich Kaffee und Tee. Den Chimbus sagt man nach, daß sie clevere Händler sind und dem „pay back"-System anhängen, was sich am besten vielleicht mit „Auge um Auge und Zahn um Zahn" übersetzen läßt.

Jedes Unrecht und jeder Schaden, die dem Stamm

zugefügt werden, müssen gerächt werden. Bei Streitfällen kommt es immer wieder zu Kleinkriegen zwischen den Hochlandstämmen.

Ich muß zugeben, daß mich beim Anblick der Chimbus anfangs ein gehöriger Schreck durchfuhr. Da fährt man also mit dem Auto eine Hauptstraße entlang, und auf einmal taucht links oder rechts aus dem Gebüsch ein Kerl hervor, der genauso aussieht, wie man sich einen Menschenfresser vorstellt: angemalt wie ein Papagei, einen Knochen durch die Nase gezogen und einen Sack auf dem Buckel. Dann grinst er einen an, stoppt das PMV und setzt sich neben einen. Hello! Es dauert eine Weile, bis man den Anblick „verdaut" hat, bis man begriffen hat, daß ihr Aufzug nur der landesübliche „Trachtenanzug" ist, in dem hier jeder herumläuft. Die Hose fand ich besonders praktisch: hinten ein paar Blätter, vorne ein paar Blätter, und fertig ist die Laube (im wahrsten Sinne des Wortes). *Arse gras* heißt dieses Modell, das die Natur so freigebig liefert. Auf der Brust und um den Hals hängen meist Ketten aus Muscheln. Die großen, halbmondförmigen heißen nach der Währung „Kina-Muscheln". Solcherart geschmückte Gestalten waren wohl meist unterwegs zu einem „singsing", einem Festival. Sing-sings können alle möglichen Anlässe haben, vom Brautkauf bis zur Geldsammlung für eine Schule. Es wird getanzt und getrommelt, gesungen und vor allem gefressen. Anders wohl kann man das Vertilgen riesiger Schweineberge nicht bezeichnen.

In Hagen fand ich in der Sporthalle des YMCA (CVJM) eine Schlafmöglichkeit. Ich durfte auf dem Boden eines Umkleideraumes schlafen. Für solche Fälle hatte ich meine leichte Luftmatratze dabei. Doch in meinem dünnen Leinenschlafsack habe ich ganz erbärmlich gefroren.

Auf der Suche nach etwas Eßbarem war ich abends noch ein bißchen in der Stadt unterwegs. Doch um acht Uhr war schon alles wie ausgestorben. Ich fühlte mich einsam – das war mir in P.N.G. schon einige Male so gegangen. Papua-Neuguinea ist nicht das ideale Reiseland für einen einzelnen. Von Thailand bis Indonesien – mit Ausnahme natürlich von Irian Jaya – hatte ich immer wieder Gesinnungsgenossen getroffen und mich ihnen angeschlossen. Das war immer völlig unkompliziert, weil jeder nach einer gewissen Zeit wieder seine eigenen Wege ging. Aber seit ich auf Neuguinea war, ließen sich andere Rucksackvagabunden kaum mehr blicken, die wenigen konnte ich an einer Hand abzählen.

In der nächsten Zeit unternahm ich einige Fahrten und

Auf einem Markt in den Highlands

Ausflüge in das Hinterland von Hagen. Einige Tage war ich in der Gegend von Mendi unterwegs, die um ein vielfaches ursprünglicher war als das, was ich bisher gesehen hatte. Besonders der Mendi-Markt entsprach genau meiner Vorstellung von einem Markt in Neuguinea: ein großer Platz, auf dem sich Menschen und Waren drängten. Schon frühmorgens waren sie gekommen, die Frauen in ihren *bilum*-Netzen die Taro- und Batateknollen schleppend, angetan mit Schnurröcken und dekoriert mit einem bunten Sammelsurium aller nur möglichen Schmuckstücke. Wie verschieden die Papuas mit ihren vielen hundert Stämmen, ihren Traditionen und Sprachen auch sein mögen, eines haben sie alle gemeinsam: den Spaß am Schmücken und Schminken. Die Männer laufen in ihrem Einfallsreichtum den Frauen bei weitem den Rang ab: ein halber Fußball als Hutersatz, Konservenbüchsen als Armringe, Bieraufreißlaschen als Ketten. Im Nasenseptum stecken Gräser und Federn, Hölzer und Hauer und manchmal auch etwas Moderneres, wie etwa ein Kugelschreiber. Weiß ist übrigens eine Farbe der Trauer. Während dieser Zeit bemalen die Mendi-Witwen Gesicht und Oberkörper mit weißer Farbe und behängen sich am Tage des Todes mit Kunai-Ketten. Es sind so viele, daß die armen Frauen kaum mehr die Schultern hochbringen. Sie legen jeden Tag eine ab, bis keine mehr übrigbleibt. Erst dann ist die Trauerzeit beendet.

Erwähnen möchte ich auch noch die Akribie und Sauberkeit, durch die die Märkte sich auszeichnen. Da flog nichts an Abfall auf die Gehwege, sondern er wurde säuberlich zu einem Haufen geschichtet oder in eine Mülltonne gesteckt. An den Ausgängen oder auf dem Platz standen Wassertonnen, in denen die Frauen ihr Obst und

Menschen in den Highlands von P. N. G.

Gemüse waschen konnten. Und um diese Ordnung auf-
rechtzuerhalten, mußte jeder Verkäufer ein kleines Markt-
geld bezahlen. Eine unappetitliche Angewohnheit setzt
sich jedoch von ganz Südostasien auch bis nach Neuguinea
fort: das Betelnußkauen. Wo immer sich Menschen treffen, liegt überall der rotgefärbte Speichel auf dem Boden.

Was mich an Neuguinea so fasziniert, ist das buchstäb-
lich hautnahe Aufeinanderprallen zweier Welten, wenn
z. B. ein Einheimischer in der landesüblichen „Tracht" in
ein Auto steigt oder sich ein Transistorradio ans Ohr hält.
Beeindruckt bin ich auch von der Gelassenheit, der höfli-
chen Art mir als Fremden gegenüber, die genau das
Gegenteil dessen ist, was man mir vorher von diesen
„Wilden" zu erzählen versuchte. Wie überall, so gilt auch
hier das Sprichwort: andere Länder, andere Sitten. So
mußte ich mich z. B. erst an den traditionellen Männer-
gruß der Highlander gewöhnen. Man zeigt seine Willkom-
mensfreude dadurch, daß man sich gegenseitig an die
Geschlechtsteile faßt. Da war mir später auf Neuseeland
die Maori-Sitte ein bißchen lieber: Dort nämlich begrüßt
man sich gegenseitig kurz und zart durch gegenseitiges
Berühren mit den Nasenspitzen.

Rückkehr in die Zivilisation

„Cairns Airport, all passengers from Port Moresby are
welcome in Australia", sagt die Stimme aus dem Lautsprecher. In wenigen Stunden hatte ich wieder einmal einen
Sprung von Jahrtausenden gemacht, aus der Steinzeit ins
20. Jahrhundert mit all seinen technischen und zivilisatori-

schen Errungenschaften. Statt einem ehrwürdigen Geist aus Neuguineas Vorzeit zu huldigen, mußte ich jetzt St. Bürokratius meine Ehrerbietung erweisen. Der Paßbeamte in seiner schicken Uniform war ja noch ganz nett. Er wollte kein Ausreiseticket aus Australien sehen, ließ sich keine Reisegeldsumme vorrechnen und auch auf meinen Impfpaß legte er keinen Wert. Normalerweise sind die australischen Kontrollen strenger, vor allem, wenn jemand wie ich nicht direkt von Europa, sondern von Südostasien einreist. Nach der Paßkontrolle stellte ich mich für die Zollkontrolle an. Der Zollbeamte prüfte die kleine, schon im Flugzeug ausgefüllte Zolldeklaration.

„Any food?" – „Irgendwelche Lebensmittel?"

Von Port Moresby habe ich frisch gekaufte und angebrochene Spaghetti sowie Parmesankäse im Rucksack. Mit Sorgenfalten, als ob ich nun damit die Maul- und Klauenseuche nach Australien einschleppen würde, wird die Packung genehmigt. Doch wo ist der Käse, der eine nicht zu unterschätzende Gefahrenquelle darstellen kann? Zuerst wühle ich im Rucksack, dann auch der Beamte, was mir aber nicht so recht ist, denn er könnte vielleicht meine zwei kleinen Schnitzereien, die ich zuunterst versteckt habe, auch noch finden. Und Holz einzuführen, ist nun ganz streng verboten. Aber da ist ja der Käse! Er war in mein Hemd gerutscht! Der Beamte beäugt ihn kritisch, fragt seinen Nebenmann um Rat, und als dieser auf meinen Hinweis „it's made in Australia" ein „o.k." murmelt, habe ich die Prozedur hinter mir. Australien kann beginnen. Es begann zunächst recht beschaulich, da ich am Freitagabend ankam und am nächsten Tag das weekend begann. „Go slow" heißt es da, bis zum Montagmorgen ist nichts zu machen. Kein Geldwechsel, keine postlagernden

AUSTRALIEN

Reiseroute:

———— Landweg
•••••••• per Flugzeug

○○ Stadt, Ortschaft

—·—·— Staatsgrenze

〰〰 Korallenriff

△ Berg

0   500   1000   1500 km

Briefe, es reichte mit geliehenem Geld gerade noch zum nötigsten Einkaufen. Aber es dauerte ja sowieso ein wenig, bis ich innerlich ankam. Die vielen weißen Gesichter, der Straßenverkehr, die Einkaufsmöglichkeiten. Ich war wie betäubt. Am Montag erwachte dann wieder der Zivilisationsmensch in mir, und ich konsumierte alles, worauf ich gerade Lust hatte. Ein saftiges Steak? Bitte schön. Welche Biersorte dazu? Ein Eis zum Nachtisch? So ging das den ganzen Tag. Zwar mit Preisen, die ganz auf den modernen Spesenritter zugeschnitten sind, aber was soll's, wenn man gerade erst gewechselt hat, fühlt man sich wie ein Krösus. Deshalb genehmigte ich mir auch eine Fahrt mit einem Motorschiff – kaltes Buffet inbegriffen! – zur schönen „Green Island", die weit draußen vor Cairns im Meer liegt. Sie gehört zu dem berühmten „Barrier-Reef", einer der großen Attraktionen Australiens. Es ist die Wunderwelt der Korallengärten, der schwimmenden, kriechenden, schwebenden und bohrenden Meeresbewohner. Durch ein Glasbodenboot und in einem kleinen Unterwasserobservatorium erlebte ich die Unterwasserflora und -fauna so zum erstenmal. Signalfarbene Fische aller Formen und Größen, bizarre Polypenskelette und Phantasiegebilde aus Muscheln – Südsee en miniature!

Die ersten Tage in Cairns konnte ich im „Youth Hostel", in der Jugendherberge unterkommen. Es waren eine Menge Leute da, und ich versuchte soviel Tips über Transport, Routen, Essen und Schlafen wie möglich zu sammeln. Das ist überhaupt die Frage: wie fängt man es an, dieses Land Australien, das ja gleichzeitig ein ganzer Kontinent ist, richtig zu bereisen, in „den Griff" zu bekommen?

Um es vorwegzunehmen: es ist schwierig. Die sehenswerten Punkte Ayers Rock, Perth, Sydney, die Nullarbor-Wüste und die tropischen Gebiete im Norden um Darwin und Cairns liegen so weit auseinander, daß eine Strecke von 10 000 Kilometer unterstes Limit ist. Dies wiederum erfordert tagelange Bus-, Auto- und Zugreisen. Im Nachhinein würde ich jedem raten, der Australien bereisen will, ein Auto zu kaufen. Wenn man sich mit ein paar anderen zusammentut, ist das finanziell durchaus zu schaffen, und man ist unabhängig von den öffentlichen Verkehrsmitteln.

Aber was macht der Rucksack-Vagabund? Nun, ihm bleibt nichts anderes übrig, als die vorhandenen Transportmittel möglichst geschickt und billig auszunützen. Das Flugzeug scheidet wegen der immensen Kosten fast ganz aus, die Eisenbahn ist wegen des begrenzten Schienennetzes auch nur beschränkt zu empfehlen. Bleiben also die Straßenverkehrsmittel. Da die Bemo-, Minibus- und Rikschazeit hier endgültig vorüber ist, steigt man in Australien in die Langstreckenbusse, „Express Coaches" genannt. Man kauft sich z. B. einen „Aussie-Pass" oder einen „Greyhound-Pass", für die man je nach Gültigkeitsdauer zwischen umgerechnet 250.– bis 700.– DM bezahlt. Damit kann man nun bis zu zwei Monate kreuz und quer durchs Land fahren. Zum dichten Liniennetz mit fast täglichen Abfahrten nach allen Zielen gehören noch viele Serviceleistungen.

Die billigste Alternative ist natürlich das Trampen. Und um das gleich mal auszuprobieren und um die Australier ein wenig kennenzulernen, wandere ich nach ein paar Tagen in der schon morgendlichen Hitze des australischen Sommers mit hochgestrecktem Daumen aus Cairns hinaus – schwungvoll und tatendurstig. Doch mein anfänglicher Optimismus flaut bald ab. Erst nach knapp zwei Stunden hält ein Auto. Weit komme ich damit nicht. Als sich bis zum Abend auch nicht mehr viel tut, gebe ich auf und warte den nächsten „Ansett-Pioneer"-Bus ab. Nun mußte der „Aussie-Pass" herhalten. Den Grund für mein Pech erfuhr ich gleich im Bus von einem anderen Traveller, der mir erklärte, daß im Staate Queensland in den vergangenen Jahren ein halbes Dutzend Morde an und von Anhaltern verübt wurden. Zumeist draußen im „outback", in den menschenleeren, versteppten Weiten dieser Nordprovinz Australiens. Zwar sei im dichtbesiedelten Küstenland kaum was vorgekommen, aber die Polizei mußte auf Grund der Vorfälle gegen das „hitchhiken" einschreiten. Es war mir eigentlich gar nicht so unrecht, vorerst im Bus zu sitzen. Ich lehnte mich in dem komfortablen Sitz zurück und genoß die Fahrt, denn die feuchte Hitze blieb durch die Klimaanlage draußen. Stundenlang ging es an Zuckerrohrfeldern entlang, an endlosen Wänden dunkelgrüner Stengel. Dazwischen eingestreut Ananasplantagen, Bananenwälder und Tabakfelder. Manchmal erhaschte ich einen Blick aufs Meer oder von Anhöhen aus ins Landesinnere. Die Busfahrer, die sich auf den langen Strecken regelmäßig abwechseln, waren auf Späßchen trainierte Leute, die die Fahrgäste mit allerlei Wissenswertem über die durchfahrenen Gebiete und Orte unterhielten. Etwa so: „Ladies and Gentlemen, wake up please. Wir kommen nun nach Brisbane, der Hauptstadt des Sunshine-Staates Queensland. Es ist eine sehr freundliche, schöne Stadt am Meer. Informationen erhalten Sie am Bus-Terminal. Nach einer Stunde Aufenthalt fahren wir weiter."

Nein, danke, vorerst reichte es mir. 30 Stunden hatte ich seit Cairns im Bus gesessen! Damit hatte ich zwar 2000 Kilometer geschafft, aber noch immer trennten mich über

1000 km von Sydney, meinem nächsten Ziel. Ich hatte es gelesen, ich hatte es erzählt bekommen, aber erst wenn man einmal in Australien die riesigen Strecken zurücklegt, erfährt man im wahrsten Sinne des Wortes die Größe dieses Kontinents.

Durch das Gewirr von Schnellstraßen ließ ich mich von einem Taxi kurzerhand an die richtige Ausfallstraße nach Süden bringen, an den „Pacific-Highway". Während ich durch die ewig langen Vororte trabte, fuhr eine nicht enden wollende Kolonne Autos an mir vorbei. Alles war unterwegs zu den Stränden der „sunshine-coast", und was bei uns im Winter die Skier auf den Autodächern sind, das sind bei den „Aussies" die Surfbretter. Südlich von Brisbane ist gleich eine ganze Stadt nach dieser beliebten Sportart benannt: Surfer's Paradise. Mit seinen weiten Stränden und dem ganzjährigen Sonnenschein ist es das führende Ferienzentrum an Australiens Ostküste.

Auf meinen nächsten „lift" wartete ich keine zehn Minuten. Das Auto war voll junger Aussies, zu denen ich mich hineinquetschte. Die jungen Australier geben sich lässig, sie halten nicht viel von Förmlichkeiten und freuen sich, einem Typ von „old Europe" weiterhelfen zu können. Sie luden mich in ihr Ferienhaus am Meer ein. Zwei Tage blieb ich bei ihnen, ging mit ihnen schwimmen und tauchen, und abends brieten wir die mit dem Speer erbeuteten Fische überm Feuer.

„How do you like Australia" – das ist die Standardfrage auf dem 5. Kontinent. Sie wurde mir immer wieder gestellt. Es ist keine rhetorische Frage, man kann den Stolz heraushören, das Selbstbewußtsein, das da mitschwingt, weil es den ehemaligen Auswanderern gelungen ist, diesen zuletzt entdeckten und ungebärdigsten aller Kontinente nicht nur zu erschließen, sondern ihn auch zu etwas Neuem, Eigenständigem zu entwickeln. Die Australier, größtenteils britischer Herkunft, möchten mehr sein als nur ein englisches Abziehbild.

Je weiter südlich ich kam, desto trockener wurde die Luft und desto heißer brannte die Sonne. Da konnte langes Warten auf der Straße schon zu einem Problem werden: sitzt man im Schatten eines Baumes, sieht einen der Autofahrer zu spät, steht man in der Sonne, wird es einem bald unter der Kappe so heiß, daß auch eine vollgefüllte Wasserflasche nicht mehr viel nützt.

Großes Glück hatte ich auf dem Weg nach Sydney: ein einziger „lift" brachte mich mitten ins Herz dieser Millionenstadt! Meine Uhr zeigte schon 21.30, als ich von meinem freundlichen Fahrer am Hyde-Park abgesetzt wurde. Wohin sollte ich mich zum Übernachten wenden? Mein kleiner Reiseführer, den ich mir gleich zu Beginn zugelegt hatte, führte ein paar annehmbare Adressen auf. Der YMCA war leider schon ausgebucht, aber im „People's Palace" der Heilsarmee, war noch was frei. Allerdings wurde es die teuerste Übernachtung meiner ganzen Reise: umgerechnet ca. 24,– DM!

Über Städte in Australien zu erzählen, dürfte ziemlich langweilig werden, denn vor allem die kleinen gleichen sich wie ein Ei dem anderen. Eine Ausnahme aber macht sicherlich Sydney, zumal dort auch ein paar erwähnenswerte Geschichtsspuren zu finden sind. Gerne wird immer wieder die Story erzählt, daß Australien das Zuchthaus von England war. Eine Verbrecherkolonie wurde 1787 beim Hafen von Sydney angelegt, als die Verbannung der Unglücklichen nach Nordamerika nicht mehr möglich war, nachdem die Kolonien ihre Unabhängigkeit erkämpft hatten. Das neuentdeckte Australien bot sich als Ersatz großartig an, und bis 1866, als die Verbannungen eingestellt wurden, hatten immerhin über 150 000 Sträflinge den Weg nach Sydney gemacht. Es soll in jenen Tagen als unhöflich gegolten haben, jemanden nach der Herkunft seiner Vorfahren zu fragen, und noch heute leiten manche von diesen ersten Siedlern einige Charakterzüge der „Aussies" ab, so z. B. die Hemdsärmligkeit, das Zusammengehörigkeitsgefühl und die skeptische Einstellung gegenüber der Staatsautorität. Bauwerke aus den Gründerjahren sind kaum noch zu finden, das Sydney von heute ist schon längst vom Wolkenkratzer-Fieber befallen, es ist ein Betongebirge amerikanischen Zuschnitts. Wer hier direkt von Europa ankommt, wird kaum glauben, in einem menschenleeren Kontinent zu sein. Am eindrucksvollsten ist die weltberühmte „Opera", die auf einer kleinen Landzunge vor der City die Boote und Schiffe begrüßt. 400 Millionen Mark, bitteren Streit, Hohn und Spott, politische Skandale und 14 Jahre Bauzeit waren der Preis für dieses Wunderwerk. Nach der Einweihung 1973 sagte aber fast jeder: Es hat sich gelohnt, wir können stolz darauf sein! Ich kann mir auch kaum eine schönere Verbindung von Kunst, Kultur und Natur vorstellen.

Ein Wiedersehen im Herzen Australiens

Bei dem schwäbischen Urdrang, in die Ferne zu schweifen, fiel es mir in vielen Länder nicht schwer, immer wieder Landsleute zu treffen. Auch in Australien war das wieder der Fall. Walter Schwäble aus meiner Heimatstadt gehört zu jenen, die als Auswanderer auf dem 5. Kontinent einen neuen Start wagten. Bei Melbourne ist er mit seiner Familie seßhaft geworden. Wir standen schon während der Reise brieflich in Kontakt, und so holte er mich eines Sonntagmorgens in Melbourne am Bus-Terminal ab.

Es war ähnlich wie Heimkommen. Nach einem halben Jahr Unterwegssein hatten die unruhigen Tage für eine Weile ein Ende gefunden. Der Schlafsack wurde mit einem Bett getauscht, statt der Straßenverpflegung gab es wieder Heimatliches („des hasch scho lang nemme g'het, gell") und anstatt dem so schwer verständlichen Australisch-Englisch wurde wieder richtig Schwäbisch „gschwätzt".

Im Spiegel dieser „Heimkehr auf Zeit" erkannte ich, wie sehr ich mich in den vergangenen Monaten verändert hatte. Ich lebte ja jeden Tag ungeheuer aktiv, mit geschärften Sinnen, voll innerer Spannung. Wenn nun plötzlich dieser Motor ausgeschaltet wird, das tägliche Quantum Reiz den Nerven fehlt, dann erkennt man, wie sehr eine reglementierte Zivilisationswelt subtile Sinne und Empfindungen zudecken kann. Besonders hart trifft einen diese Erkenntnis bei der Heimkehr nach einer langen Reise und so wundert es einen nicht, wenn viele bald darauf wieder „auf Achse" sind.

Nach jeder Reise werde ich übrigens immer wieder gefragt: „Würdest du das noch einmal machen?" Und jedesmal bejahe ich diese Frage. Nun höre ich natürlich schon im Hintergrund: „Ich würde schon gerne reisen, aber ich habe nicht soviel Zeit und kein Geld." Reisen ist in meinen Augen aber keine Frage des Geldes, sondern vor allem eine Frage des Mutes, der Entschlußkraft und der Fähigkeit, sich anzupassen.

Nach den ersten Wochen in der australischen Zivilisation trieb es mich weiter, in die endlosen Weiten von West- und Südaustralien und in das Northern Territory, wo man Australien, diesen riesigen Kontinent, erst in seiner wahren Gestalt kennenlernt.

Melbourne – Adelaide: 12 Stunden, 750 Kilometer. Eine kurze Fahrt. Die Landschaft: flach, wenig bewaldet, zum Teil kahl und öde; unendliche gelbe Grasflächen. Darauf: Schafe, Schafe, Schafe...

In Adelaide Übernachtung im YMCA, gleich im Zentrum. Als ich am anderen Morgen zum Bus-Terminal marschiere, wartet eine unangenehme Überraschung: Kein Platz mehr frei nach Alice Springs! Was nun? Der nächste Bus fährt erst in drei Tagen. Kurzentschlossen stürme ich ins nächste „Ansett"-Flugbüro. Schon in 3 Stunden geht ein Flug nach Alice Springs. Ich investiere

Beim Flug von Adelaide nach Alice Springs

80 Dollar (student fare) für einen der letzten freien Plätze. Glück gehabt!

Australien von oben zu sehen, war ein neues Erlebnis. Schon nach kurzer Flugzeit verwandelten sich die grünen Flächen zu braunen Flecken, gingen allmählich in eine rote, hitzeflimmernde Unendlichkeit über – das „Outback", das rote, tote Herz Australiens, lag unter uns. Bis an den endlosen Horizont nichts als diese trostlose Einöde, nur dann und wann unterbrochen durch einen ausgetrockneten Flußlauf, ein paar Stachelbäume oder auch einmal durch den Bleistiftstrich einer Piste. Da unten warten ein paar Millionen Quadratkilometer auf Erschließung und Besiedlung – denn hier liegt das Uran, das Gold der Zukunft, das die Prospektoren suchen und auch finden. Nach zwei Stunden tauchen weit vor uns ein paar dunkle Punkte auf, die sich beim Überfliegen als die Hütten und Häuser von Alice Springs entpuppen. Angst vor einer zu kleinen Landefläche brauchen die Piloten hier nicht zu haben, Schwierigkeiten machen eher die starken Turbulenzen, die durch die kochendheiße Luft hervorgerufen werden. Noch nie wurde ich in einem modernen Düsenjet so durcheinandergeschüttelt wie bei diesem Landeanflug auf Alice Springs.

Vor dem Aussteigen empfiehlt es sich, tief Luft zu holen: Sonne, Wüste, Hitze werden von Augen und Körper wie ein Schock empfunden. Das Thermometer zeigt 45 Grad im nicht vorhandenen Schatten! Mit dem Rucksack stapfe ich durch den Sand zur Straße vor und werde sofort vom ersten Auto mitgenommen. Unterkunft finde ich im Youth-Hostel, in dem ich Menschen aus aller Welt antreffe. Das ist nicht verwunderlich, denn wer nach Australien kommt, will nicht nur Känguruhs, Sydney oder das Barrier-Reef sehen, sondern die allermeisten wollen auch die wohl bekannteste Attraktion bestaunen, den Ayers Rock. Dieser Riesenfelsen in der Wüste liegt einige hundert Kilometer südwestlich von „Alice", und die Stadt ist der Ausgangs- und Startpunkt für die Besichtigung. „The Alice" wurde 1872 ursprünglich als Telegrafenstation gegründet und entwickelte sich in den nachfolgenden Jahrzehnten zum wichtigsten Stützpunkt Inneraustraliens. Alle Straßen und Wege kommen irgendwo aus der roten Einsamkeit, verwandeln sich kurz in Teerbänder und verlaufen dann wieder im Sand. Aneinandergereiht ein paar flache, moderne Gebäude, ohne die es hier schon längst nicht mehr geht, besonders im Hinblick auf den großen Touristenzustrom: Läden, Hotels, Bank, Post, Supermarkt. Alle schön auf 30 Grad Innentemperatur herabgekühlt.

Den deprimierendsten Anblick bieten die Aborigines, die Ureinwohner Australiens, die ich schon in den Städten Queenslands gesehen hatte, wie sie auf den Straßen herumlungerten, scheu und aggressiv zugleich. Ich meinte, nur den Haltlosen, den Wanderarbeitern zu begegnen, aber das gleiche Bild bietet sich nun auch hier, in ihrer angestammten Region. Ich war schockiert. Die Aborigines von Alice Springs hausen am Stadtrand in Hütten aus rostigem Wellblech, in elenden Verschlägen aus Brettern und Dekken. Dagegen lebt ein Steinzeitvolk auf Neuguinea noch wie im Paradies. Einige „Abos" versuchen, Holzschnitzereien, wie Eidechsen und Bumerangs, sowie Malereien an die Touristen zu verkaufen. Für die allermeisten gibt es jedoch nichts zu tun, Männer, Frauen und Kinder lungern apathisch oder betrunken herum, und das Tag für Tag. Wohl kein Urvolk der Erde hat soviel Leid erfahren

Aborigines in Zentralaustralien

müssen wie sie. Anfang des 19. Jahrhunderts streiften etwa 300 000 Aborigines durch Australien – 100 Jahre später waren es nur noch halb so viele. Dahingesiecht durch eingeschleppte Krankheiten, elend zugrunde gegangen durch vergiftete Wasserstellen oder einfach abgeschossen wie wilde Tiere, wurden sie zu Flüchtlingen im eigenen Land. Die Missionen nahmen sich ihrer an – mit schwachem Erfolg. Zwar steigt die Zahl der Aborigines heute wieder an, und der Staat versucht, mit Wohlfahrtsprogrammen das Unrecht wiedergutzumachen, doch es dürfte zu spät sein. Die Menschen und ihre Sozialstrukturen sind zerbrochen, es gibt nur noch wenige, die wie ihre Vorfahren fähig sind, ein freies und ungebundenes Leben als Jäger und Sammler zu führen. Dabei haben die Abos in ihrer

Geschichte eine eigene, vielschichtige Kultur entwickelt, die sich besonders in Malereien, Schnitzwerken, Musik, Tänzen und einer ungewöhnlich starken Bindung an die Erde als Lebensraum ausdrückt.

Weitere Konflikte sind schon vorprogrammiert: In vielen der für „ewig" verbrieften Abo-Gebiete hat man riesige Uranvorkommen entdeckt, hauptsächlich im Zentrum und im Norden Australiens. Aborigines werden wohl immer den kürzeren ziehen.

Hier – im Herzen Australiens – hatte ich mich mit Marianne und Christoph, den Freunden aus Kuala Lumpur, „verabredet" und war nun sehr gespannt, ob dieser vage Plan in Erfüllung gehen würde. Und siehe da – mein zweiter Anruf bei einem Campingplatz hatte Erfolg. Mit einem geliehenen Fahrrad radelte ich hinaus, die Überraschung war gelungen! Offenbar führt eben doch nur ein einziger Trampelpfad um die Welt, wie eine Redewendung sagt.

Schnell war ein Programm für die nächsten Tage gemacht: Fahrten zu ein paar sehenswerten Punkten rings um „Alice", wobei auch Hermannsburg nicht fehlen durfte. Dabei handelte es sich nun nicht um eine Gründung meiner Vorfahren, sondern um eine deutsche Missionsstation, die etwa 130 Kilometer westlich von Alice Springs liegt. Schon seit über 100 Jahren versuchen die Missionare, das Los der Aborigines zu erleichtern, eine Aufgabe, die durch ständige Rückschläge, Not und Entbehrungen gekennzeichnet ist. Es ist eine weitgestreckte Anlage, mit Kirche, Wohn- und Werkstätten und Unterkünften. Ältere Abos haben hier ein Zuhause für den Lebensabend gefunden, andere bleiben vielleicht nur kurz hier und ziehen weiter.

Bei unseren Fahrten zeigte sich, daß das Innere Australiens weder tot noch eine einzige Wüste ist, im Gegenteil, manchmal blüht und wächst in den Schluchten und Tälern eine Vegetation, die wir hier nicht vermutet hätten. Selbst kleine Palmen fehlen nicht, doch der Hauptbaum ist wie überall in Australien der „gum-tree", der Eukalyptus-Baum. Wohin man auch fährt, überall schimmern die grün-silberweißen Stämme.

Drei Dinge dürfen einem bei einer Outback-Expedition nichts ausmachen: die Hitze, der Staub und die Fliegen. Die Fliegen sind die eigentliche Plage. Sie überfallen einen dutzendweise und kriechen einem stur auf der Suche nach ein bißchen Feuchtigkeit in Nase, Augen, Mundwinkel und Ohren. Man rudert verzweifelt mit den Händen, man schüttelt den Kopf, schlägt die Biester tot – vergebens, es

Der ewige Staub gehört neben der Hitze und den Fliegen zu den Plagen des Outback

kommen immer wieder neue. Man muß sich damit abfinden. Am Abend aber darf man zur Entschädigung für die erlittenen Strapazen die lauen, wunderbaren Wüstennächte erleben, die man nie wieder vergessen wird. Die Weite, die absolute Stille überträgt sich, und in Gesprächen oder still den Gedanken nachhängend fühlt man sich eins mit der Natur.

Ayers Rock oder U-lu-ru

Zum Ayers Rock fährt man von Alice aus auf einer guten Teerstraße nach Süden. Wir hatten im Kofferraum alles Nötige dabei, um unser modernes Nomadenleben weiterführen zu können. Wer den Wagen nicht fahren mußte und sich auch nicht unterhielt, hielt nach Känguruhs Ausschau. Natürlich nicht nach den lebenden, sondern nach den überfahrenen, die, halbzerfetzt auf der Straße liegend, ein gefährliches Hindernis sein können. Bei tiefstehender Morgensonne oder in gleißendem Mittagslicht erkennt man sie oft zu spät. Gegen die lebenden „roos", die als zentnerschwere Geschosse gegen den Kühlergrill knallen können, schützen die Aussies ihre Autos mit starken Rammrahmen.

Die richtige Pistenabzweigung zum „Rock" war leicht zu finden, wir brauchten nur den plattgewalzten Getränkedosen zu folgen. Rot-grau fetzte der Staub hinter dem Wagen auf. Christoph ging nicht vom Gas.

„Fahr langsamer, die Kiste fällt uns ja bald auseinander!"

„Kann ich nicht, ich muß so schnell fahren, wegen der Querrinnen!"

Recht hatte er; bei einer hohen Geschwindigkeit „fliegt" der Wagen über das „Wellblech". Bei einem notwendigen plötzlichen Bremsen kann das allerdings gefährlich werden! Der Staub kitzelt in der Nase und legt sich wie eine zweite Haut um einen. Der Durst hört nicht mehr auf. Es gibt nichts Schöneres, als bei über 50 Grad frisches Wasser aus der Thermobox zu trinken. Man lernt, sich wieder auf das Wesentliche zu beschränken.

Schnurgerade verläuft der Track weiter. Dornige Akazien, tote Baumstämme und Spinifex, das stachlige Wüstengras, sind die Begleiter. Manchmal ein „grid", eine Art überdimensionaler Bratrost, der quer zur Fahrtrichtung in den Boden eingelassen ist. Das Vieh traut sich dadurch nicht weiter. Mit einem pfeifenden Rutsch fliegen

Tote Känguruhs bilden ein gefährliches Hindernis

wir jedesmal darüber. Am frühen Nachmittag, als wir drei Viertel der über 400 Kilometer hinter uns haben, steigt aus der flachen Ebene plötzlich der ersehnte Felsen. Die Wirkung ist dramatisch. Steht man davor, scheint einen der Steinkoloß zu erdrücken. Der Ayers Rock ist der größte Monolith der Erde, 3 Kilometer lang und 350 Meter hoch.

Auf einem Campingplatz in unmittelbarer Nähe schlagen wir die Zelte auf und umfahren den blankgeschliffenen Felsen. Von nahem zeigen sich eigenartige Strukturen und Erosionsabbrüche, die von den Aborigines mit Ereignissen ihrer Mythologie verbunden werden. Neben den vielen Wandzeichnungen ist „the brain" das erstaunlichste Gebilde: der Abbruch zeigt in Form eines durchgeschnittenen Schädels alle Windungen und Gänge eines menschlichen Gehirns!

Wir beobachten und fotografieren, wie der Fels im Licht der untergehenden Sonne alle Rotabstufungen durchläuft. In den sternklaren Nächten kann man mit etwas Phantasie meinen, ein riesiger, urweltlicher Dinosaurier hätte sich schlafen gelegt. Diese geheimnisvolle Atmosphäre müssen schon die Aborigines gespürt haben, für sie heißt der Felsen heiliger *U-lu-ru*.

Den stärksten Eindruck dieser urweltlichen Landschaft vermittelte uns ein Aufstieg zum Gipfelplateau. Gegen 4.30 Uhr brechen wir auf. Mit Taschenlampen suchen wir den Aufstieg und hangeln uns schweratmend an einer Haltekette den glatten Felsen hoch. Einmal ins Rutschen gekommen, hält einen nichts mehr. Auf dem Plateau beruhigen sich die Lungen wieder. Die ersten Sterne verblassen, im Osten zeigt sich ein feiner, heller Streif. Jetzt kriecht die Sonne heraus, ganz langsam erst, dann

Ayers Rock, der größte Monolith der Erde

Sonnenaufgang auf Ayers Rock

immer schneller, wie am Urtag der Schöpfung. Die weite Ebene unter uns fängt rot zu glühen an, die Welt wird wieder lebendig. Stumm verfolgen wir das Schauspiel, noch nie habe ich einen so überwältigenden Sonnenaufgang gesehen. Phantastisch auch die Landschaft, die durch die flachen Sonnenstrahlen plötzlich eine plastische Wirkung bekommt.

Vor Jahrmillionen, so sagen die Geologen, bestand hier eine einzige zusammenhängende Hochebene. Irgendwann brach sie zusammen, wurde vom Wind abgetragen, bis auf einige steil aufragende Reste. Bevor sich der Felsen um die Mittagszeit wieder in glühende Kohle verwandelt, machen wir uns an den Abstieg.

Bei der Rückfahrt nach Alice Springs platzte uns am Hinterrad ein Reifen. Wir drehten uns ein paarmal um die eigene Achse und kamen dann in Gegenrichtung unter einer niedersinkenden Staubwolke zum Stehen. Im Krebsgang zuckelten wir der Teerstraße entgegen, weil es bei der Karussellfahrt noch einen anderen Reifen bis auf die Leinwand abgeraspelt hatte. Als dann der erste Wagen unseres Typs auftauchte, stoppten wir ihn und liehen uns sein Ersatzrad. Ohne „wenn und aber" half man uns weiter, der Mann sagte nur: „Bringt den Reifen gelegentlich bei mir in Alice vorbei, mates", und weg war er. Das ist Outback-Hilfe!

Diesmal hatte ich meine Rückfahrt mit dem Bus rechtzeitig gebucht. Von Alice Springs nach Adelaide sind es etwa 1700 Kilometer, der größte Teil davon Sand- und Staubpisten. Das Wüstenabenteuer war für mich also noch nicht zu Ende. Ölfässer und abgerissene Auspuffrohre weisen den Weg nach Süden, sobald wir die Teerstraße verlassen haben. Entgegenkommende Viehtransport-

Trucks mit drei, vier Anhängern schälen sich wie riesige Eisendrachen aus Staubwolken. Dann kommt die Nacht. An Schlaf ist bei der Waschbrettfolter der Piste nicht zu denken. Man muß froh sein, überhaupt noch sitzen zu können. In Coober Pedy, der berühmtesten Opalmine Australiens, halten wir kurz an. Die rasch zusammengezimmerten Hütten, die dreckigen Pubs und die abenteuerlichen Typen, die sich durch die Erde wühlen und noch den großen Traum vom Millionärsein träumen, machen die Zeit des Wilden Westens wieder lebendig. Tagsüber wird es hier so heiß, daß alles in die unterirdischen Wohnkatakomben flüchtet.

Am Ende der Nacht hebt sich Kingoonya mit Windrädern und Wassertanks als Silhouette gegen das Morgenrot ab. In der einzigen Kneipe im Umkreis von ein paar hundert Kilometern drängen sich Fernfahrer. In Woomera kommen wir wieder auf Asphalt, der Rest nach Adelaide

Kingoonya in der Morgendämmerung

ist ein Kinderspiel. Gerädert wanke ich aus dem staubverdreckten Bus, doch das Erlebnis „Outback" möchte ich nicht missen. Es hat mich in seinen Bann gezogen. Tagsüber die Unendlichkeit, die Ursprünglichkeit, die Unberührtheit, nachts die Vollendung durch Stille, Sand und Sterne. Ja, es stimmt, jeder Mensch braucht dann und wann ein bißchen Wüste...

Ich hatte noch einige Tage Zeit zur Verfügung und nutzte sie zu zwei Bus- und Zug-Marathonfahrten: einmal entlang der Küste bis nach Perth am Indischen Ozean, und dann zurück mit dem Zug durch die Nullarbor-Wüste bis Melbourne. Null-arbor stammt aus dem Lateinischen und heißt „kein Baum". Man fährt mit dem „Indian-Pacific"-Zug durch eine topfebene Landschaft, in der kein Strauch, kein einziger Baum wächst! Unvorstellbar, doch so ist es, das Großartige und das Stumpfsinnige liegen dicht beieinander! Hier haben die Eisenbahnbauer Australiens noch einen besonderen Rekord aufgestellt: das längste gerade Eisenbahnstück der Welt. Schnurgerade, wie von einem Lineal gezogen, läuft das Schienenpaar 500 Kilometer lang von einem Nichts ins andere!

Im Hinterland von Kalgoorlie und Coolgardie, den alten australischen Goldgräberstädten, sah ich mich in verlassenen Goldgräberdörfern um. Rostige Bohrtürme, uralte Maschinen und Autos erzählen noch von der großen Zeit um die Jahrhundertwende, als dort Zehntausende zusammenströmten und wie im Rausch die Erde durchsiebten. Heute pfeift der Wind durch diese Geisterstädte. Manche holten sich dort Millionen, die meisten jedoch nur den Tod. Auch ich habe nach ein paar Klunkern Ausschau gehalten, doch mit einem Fund wurde es nichts, obwohl das in Australien durchaus möglich ist.

Der „Indian-Pacific" ist kein schäbiger Wildwest-Express, sondern der aluminiumfunkelnde Stolz der Australian Railways. Die Reisenden werden mit viel Komfort verwöhnt. Für mich war die 3-Tagesfahrt nach Melbourne eine gute Gelegenheit, das Vergangene festzuhalten und mich für das Kommende ein wenig einzulesen. Neuseeland, die Südsee! Bald würde es soweit sein!

Sydney-Airport: eine moderne Karawanserei. Aus Lautsprechern flöten Mädchenstimmen Flugziele rund um den Globus. Ich kenne meinen Flug, die elektronische Anzeigentafel schnurrt gerade die Code-Kürzel zusammen: SYD – NOU – AKL – PPT – LA. Auf deutsch heißt das: Sydney, Noumea (Neukaledonien), Auckland (Neuseeland), Papeete (Tahiti), Los Angeles (USA). Diesen langen Flug werde ich zunächst für einen Tag auf Neukaledonien unterbrechen. Ein längerer Aufenthalt ist für Neuseeland eingeplant. Nächste Zwischenlandung ist dann Tahiti, und von dort geht es über die USA nach Hause zurück.

Die UTA-Truppe ist bald wieder versammelt. Ein paar neue Gesichter sind dabei, die meisten kennen sich aber schon. Es gibt viel zu erzählen seit dem letztenmal. Bald wird es Zeit zum Einchecken. Die letzten 10 Dollar gehen für die airport-tax drauf. An einem schönen Aprilnachmittag verlasse ich Australien.

Globetrotter unter sich

Nach etwa drei Stunden Flugzeit landeten wir auf Neukaledonien. Die Insel ist schon seit 1853 in französischem Besitz. Viel gibt es über dieses Eiland nicht zu berichten, außer daß es durch die hohen Nickel- und Chromvorkommen für die Franzosen sehr wertvoll ist. Die Zusammensetzung der Bevölkerung ist entsprechend: 60 000 Franzosen, beinahe die Hälfte der Gesamtbevölkerung, sind hier stationiert. Der Rest verteilt sich auf Melanesier, Polynesier und Mischlinge.

Die Kontrollen waren schnell erledigt. Außer den vielen „Galliern", die beim „Club méditerranée" auf der Insel ihren Urlaub verbringen wollten, stieg hier niemand aus. Für Individualreisende ist Neukaledonien einfach zu teuer.

Als sich die kleine Flughafenhalle geleert hatte, standen nur noch ein paar Rucksack-Traveller herum. Der Weiterflug nach Neuseeland war erst am nächsten Abend möglich. Während einige mit dem Bus in das 50 Kilometer entfernte Noumea fuhren, entschloß sich die Restgruppe, bei der auch ich mich befand, die Nacht irgendwo in Flughafennähe zu verbringen, um Fahrt- und Hotelkosten zu sparen. Wir waren eine internationale Gruppe: zwei Kanadier, ein Schwede, ein Amerikaner, eine Schweizerin, ein Engländer und ich. Einer schlug vor, einen Platz zum Zelten zu suchen. Wir nahmen nur das Nötigste mit und verstauten den Rest in den Schließfächern in der Halle.

Es war schon nach 21.00 Uhr, und ein halber Mond hing

am wolkenlosen Firmament. Auf einem Hügel fanden wir ein geeignetes Plätzchen. Zwar hatten nur zwei von uns Zelte dabei, bei der Wärme aber konnte man sich auch gut im Freien hinlegen. Einige Flaschen, billig im Duty-free-Shop in Sydney erstanden, machten die Runde. Reiseerlebnisse wurden erzählt, wie lange man schon unterwegs war, wo man noch hin wollte und wo es einem am besten gefallen hatte. Mich überrascht immer wieder, welch große Übereinstimmung zwischen Leuten aus soviel verschiedenen Ländern besteht, obwohl die Gründe und Anlässe für ein so weites und langes Reisen meist ganz unterschiedlich sind: Mike aus den USA hatte sich vor ein paar Monaten scheiden lassen und wollte jetzt im Töpfern den Sinn des Lebens entdecken. Dazu war er in den Dörfern Südostasiens auf der Jagd nach Formen und Techniken gewesen. Jeff hatte sein Studium beendet und nützte nun die Zeit vor einer Anstellung zu einer Reise. Therese aus der Schweiz war Innenarchitektin und konnte sich öfter größere Urlaube leisten, wie sie erklärte. Zwei andere wollten schon immer mal alles hinter sich lassen und erst wieder nach Hause, wenn das Geld verbraucht war. Bernt, der Schwede, war Ingenieur und verwirklichte nach einer Kündigung kurzerhand seinen Lebenstraum. Er war ein Spaßvogel, und mit ihm sollte ich die nächste Zeit zusammen sein.

Es war eine herrliche Nacht. Keiner wollte schlafen gehen. Bald glitten die Gespräche von praktischen Erfahrungen ins Philosophische, endeten beim Sinn des Lebens, wozu die Nacht unter den Südseesternen uns verführte und inspirierte.

Ein leichter Wind blies uns mit dem Sonnenaufgang den vergangenen Abend aus dem Kopf. Mich juckte und

Zelten in Neukaledonien

brannte es am ganzen Körper – Moskitostiche! Ich hatte mich zum Schlafen einfach zurücksinken lassen und mußte nun meine Sorglosigkeit büßen.

Wir beschlossen, nun doch noch nach Noumea zu trampen, um dort die Wartezeit bis zum Abend zu verbringen. Touristische Attraktionen bietet Neukaledonien kaum, sieht man einmal von den sicherlich schönen, unberührten Stränden ab. Das Landesinnere ist gebirgig, natürliche Häfen gibt es wegen der vielen Korallenriffe kaum. Man darf gespannt sein, wie lange die Ausbeutung der Nickelminen noch gutgeht, man munkelt hier bereits von einer militanten Unabhängigkeitsbewegung. Aber offiziell wird das natürlich totgeschwiegen. Mir fiel auf, daß die Landwirtschaft brachlag und das viele Land kaum bebaut war. Offenbar ziehen die gutzahlenden Minen die

Männer an, und die traditionellen Arbeits- und Erwerbszweige werden vernachlässigt.

Am späten Nachmittag packten wir wieder unsere Bündel zusammen. Vor dem Check-in-Schalter drängte sich bei unserem Eintreffen bereits eine große Menge. Es waren größtenteils wieder die Urlauber vom „Club med.", die nun weiter über Neuseeland nach Tahiti wollten. Wie üblich hatten die Rucksackvagabunden wieder nur ein Gesprächsthema: Was gibt es als Bordmenü? Als wir dann mit heulenden Rotoren in die Nacht hineindüsten, Neuseeland zu, zeigte sich ein jeder bei Lachs, Kaviar, Steak und Rotwein höchst zufrieden...

Neuseeland

Bodenberührung mit Neuseeland hatten wir gegen Mitternacht. Als die Maschine zum Halten gekommen war, wurde die Kabine mit Ungezieferspray vernebelt („Damit wir keine Seuchen einschleppen"). Solchen Beweihräucherungen ist man auf Interkontinentalflügen öfter ausgesetzt. Anschließend wurde noch ein Schäferhund auf Schnuppertour losgeschickt, denn auch Neuseeland wird von der Drogenwelle nicht verschont. Peinlich genau auch nachher die Zollabfertigung, besonders bei Rucksackreisenden. Wir verdösten die restlichen Nachtstunden in den einladenden Sesseln der oberen Lobby. Zwar wurde man dabei immer wieder von Lautsprecherdurchsagen aufgeschreckt, doch Flugziele wie Fidschi, Tonga und Hawaii regten meine Phantasie nur noch weiter an.

Nach dem ersten Morgenkaffee marschierten Bernt und

ich frohgemut aus dem Airport, wir wollten den Ruf Neuseelands als Tramperparadies testen! Und wir machten gleich eine gute Erfahrung. Ein netter Mann setzte uns geradewegs vor der Jugendherberge am Mt. Eden ab! Es war kein moderner Betonklotz, sondern eines der gemütlichen, buntgestrichenen Holzhäuser, wie man sie oft in Neuseelands Städten und Dörfern findet.

Die Atmosphäre im Hostel war sehr herzlich, den Großteil der Traveller stellten Amerikaner, Kanadier, Australier, Deutsche und Schweizer. Fast jeder wußte nur Angenehmes über die Naturschönheiten, die Gastfreundschaft und die Reiseverhältnisse zu berichten. Man brauche nirgends Angst zu haben, daß man bestohlen oder übers Ohr gehauen werde. Ein Grund also, sich auf die kommende Zeit in diesem Land zu freuen. Doch wie ich

Blick auf Auckland/Neuseeland

am eigenen Leibe erfahren sollte, bestätigt die Ausnahme die Regel.

Am Montag fuhren Bernt und ich mit dem Bus in die City von Auckland und erledigten die wichtigsten Dinge. Post abholen ist immer wie Weihnachten. Ich checkte auch die Flugverbindungen zu den Tonga- und Fidschi-Inseln, denn mein UTA-Ticket war mir bisher noch nicht südseetauglich genug.

„Was ist", fragte ich Bernt, „kommst du mit? Wenn du schon mal hier in dieser Ecke bist, solltest du auch die Gelegenheit nützen, ein paar Südseeinseln zu bereisen."

Bernt überlegte, dachte an die kommenden kalten Wochen hier, und als dann sein Kassensturz positiv ausfiel, sagte er zu. Er sollte es nicht bereuen, wie unsere schöne Zeit auf Tonga und Fidschi noch zeigen sollte. Durch die Vorausbuchung mit festen Flugdaten hielt sich der Preis mit 700,– DM für diese Riesenstrecken noch in Grenzen. Wir würden zuerst nach Tonga fliegen, dann nach Fidschi und schließlich wieder zurück nach Auckland, um mit der UTA wie geplant nach Tahiti weiterzujetten.

Aber zunächst wollten wir uns ja den neuseeländischen Herbstwind ein wenig um die Nase wehen lassen! Wir schafften es an diesem ersten Tag bis Hamilton, einer Kleinstadt, in der es auch ein Hostel gab. Nach heißer Dusche und selbstgemachtem Essen in der Küche kamen wir in einem Gespräch überein, so schnell wie möglich zur Südinsel zu fahren und erst auf dem Rückweg die Nordinsel ausgiebiger zu bereisen.

Neuseeland besteht nämlich aus zwei großen Inseln, die durch die Cook-Straße getrennt sind. Es sind zwei Inseln, die die ganze Vielfalt Europas widerspiegeln: karge Hochebenen und Seen wie in Schottland, Eisgipfel und Gletscher wie in der Schweiz, Fjorde wie in Norwegen, Strände wie in Italien, Vulkane wie auf Island und Wälder wie in deutschen Mittelgebirgen. Ein Paradies also für Sportler, Camping- und Freizeitbegeisterte. Das Land ist etwas größer als unsere Bundesrepublik, mit 3,2 Millionen Einwohnern aber im Vergleich dazu ein fast menschenleeres Land.

In dieser Zahl sind auch die etwa 300 000 Maoris enthalten, Nachkommen jenes stolzen polynesischen Volkes, das die Inseln einige Jahrhunderte vor den Weißen (wahrscheinlich im 14. Jahrhundert), von Nordosten übers Meer kommend, ansteuerte. Die Maoris hatten wenig eßbare Pflanzen und Haustiere auf den Inseln vorgefunden, waren aber so klug gewesen, in ihren mächtigen Hochseekanus die vertrauten Früchte und Tiere ihrer ersten polynesischen Heimat mitzubringen: Süßkartoffeln, Tarowurzeln, Schweine und Hunde. Die Maoris scheuten sich aber keineswegs, sich nach guter, alter Südseemanier gegenseitig zu verspeisen, wenn Not am Mann war oder wenn Stammeskämpfe Gefangene lieferten. Ersten Kontakt mit Europäern hatten sie 1642, als der Holländer Tasman die Küsten Neuseelands sichtete. Die Besiedlung begann aber erst 1769, nachdem Kapitän James Cook auf der Insel angelegt hatte. Schnell sprach es sich herum, daß die Inseln alles besaßen, was sich auswanderungswillige Europäer – in erster Linie Engländer, Iren, Schotten und Waliser – nur wünschen konnten. Was den Gründern Neuseelands als Ideal vorschwebte, war ein zu den Antipoden verpflanztes viktorianisch-braves, ländlich-idyllisches England unter dem Segen der Kirchen. Nur verantwortungsbewußte, wohlhabende Frauen, Männer und Familien durften ins

Land – also genau das Gegenteil der ersten Siedler Australiens! Gegen die Neuankömmlinge und die von ihnen eingeschleppten Krankheiten waren die Maoris genauso machtlos wie gegen die Musketen der englischen Soldaten.

„Wem gehört England? Wem gehört das Land, auf dessen Boden du nun stehst? Ich will es dir erzählen: Gott schuf Himmel und Erde und den Menschen und alle Dinge, die auf der Erde sind. Du wurdest als ein *pakhea* – als ein Weißer – erschaffen und Gott bestimmte, England solle dein Land sein. Zwischen dich und uns wurde der große Ozean gelegt. Wir fahren nicht zu euch hinüber. Darum: fort mit euch von unserem Heimatland, fort zu euren eigenen Stränden weit weg jenseits der Meere. Fort mit euch von unserer Erde."

(Titikowara, Kriegshäuptling der Maoris, an General Whitmore, Chef der britischen Truppen im Maori-Krieg 1868).

Die braunen, muskulösen Maorimänner, über und über mit kunstvollen Mustern tätowiert, hatten so tapfer und so geschickt gefochten, daß sie sich den Respekt und die Hochachtung der Weißen errungen und erzwungen hatten. Trotz der vollständigen Niederlage wurde den Maoris das Rückgrat nicht gebrochen. Die kirchenfrommen Siedler erkannten die Besiegten in Verträgen als gleichberechtigte Partner an, mit gleichen staatsbürgerlichen Rechten. Wenngleich die Wirklichkeit heute zwischen Weiß und Braun anders aussieht, so bleibt Neuseeland doch das einzige Land, wo ein solcher Versuch zum erstenmal gemacht wurde und wo die Harmonie der Rassen am stärksten verwirklicht ist.

Alter Maori-Krieger (Zeichnung)

Das Trampen von Hamilton nach Wellington, eine Entfernung von etwa 500 Kilometer, war sehr interessant, weil wir eine Menge verschiedener Leute kennenlernten. Man wird praktisch von Leuten jedes Alters und jeder Herkunft mitgenommen. Das Gefühl, auf weltabgeschiedenen Inseln zu wohnen, ist bei den Neuseeländern stark ausgeprägt. „Ihr sucht bei uns Ruhe und Naturschönheiten,

Bernt und ich bei einer Tramper-Pause

während wir Neuseeländer Plätze lieben, wo etwas los
ist", hörten wir öfter. Mir scheint, daß den meisten Leuten
gar nicht bewußt ist, was sie noch an ihrem unberührten,
jungfräulichen Land haben. Beim Warten vor einer Tank-
stelle unterhielt ich mich einmal mit einem Jungen, dessen
Eltern aus Holland einwanderten und der nun dorthin
zurückgehen will. Er meinte, in Europa wären Stereoanla-
gen und Autos viel billiger als in Neuseeland. Als ich ihm
dann klarmachte, daß er in Holland oder Deutschland nie
ein Haus oder ein Grundstück so billig kaufen könnte wie
hier in Neuseeland, gab er zu, daß er darüber noch nie
nachgedacht habe. Weil die Autos in Neuseeland so teuer
sind, fahren hier noch sehr viele, herrlich anzusehende
„Oldtimer" umher – man muß hier einfach sparsamer mit

Rohstoffen und Produkten umgehen und wirft nicht gleich alles auf den Müll.

Bis vor kurzem gehörte Neuseeland noch zu den Ländern mit dem höchsten Lebensstandard, ohne Spannungen und ohne die Palette der üblichen Probleme, die anderswo die Gegenwart und Zukunft beschatten. Im Zeitalter einer immer enger verflochtenen Weltwirtschaft kann sich aber nun auch Neuseeland nicht mehr vom Leib halten, was es früher nie gekannt hat: hohe Arbeitslosigkeits- und Inflationsraten. Immer mehr Jugendliche und qualifizierte Fachkräfte wandern aus, Australien lockt mit höheren Löhnen und besseren Chancen.

Wir genossen die Fahrt durch die leicht herbstliche Landschaft in vollen Zügen. Ab und zu schaute die Sonne raus und tauchte das Land in weiches Licht, was durch die

Schafe bestimmen das Bild der Landschaft

zartgrünen Schafweiden noch unterstrichen wurde. Man hätte meinen können, in Irland oder Schottland zu sein. Nur die Palmen erinnern einen daran, daß die Nordinsel Neuseelands schon in den Subtropen liegt.

In einer kleinen Stadt erlebten wir spätabends bei der Suche nach einer Übernachtungsmöglichkeit, wie dicht in Neuseeland Praktisches und Unpraktisches beieinanderliegen können: Für das Telefonieren im Ort braucht man immer drei 2-Cent-Stücke, mit den viel häufigeren 10-Cent-Stücken wollen die vorsintflutlichen Apparate nicht funktionieren. Zum Glück besaßen wir gerade noch drei dieser Münzen und konnten eine Familie anrufen, die die Funktion einer Ersatz-Jugendherberge übernommen hatte.

Am nächsten Tag veränderte sich die Landschaft nur wenig: kleine Dörfer, Wiesen, Weiden und vor allen Dingen immer wieder Schafe, Schafe, Schafe. Sie halten Neuseelands endlose Grasflächen kurz und sind mit ihrer Wolle und dem Fleisch Exportartikel Nr. 1. Einmal ließ uns ein Fahrer schätzen, wieviel Schafe die grünen Fluren Neuseelands bevölkern. Wir hatten keine Vorstellung, dann kam lachend seine Antwort: 68 Millionen, davon 65 Millionen auf vier Beinen!

Aber nicht das Schaf ist das Wappentier der Neuseeländer, sondern der Kiwi. Das ist ein huhngroßer Vogel, der nicht fliegen kann, die Dunkelheit liebt und mit seinem langen Schnabel Jagd auf Würmer macht. Er ist nur auf Neuseeland heimisch, und deshalb nennt man die Neuseeländer manchmal auch scherzhaft „Kiwis".

Während Auckland mit einer Einwohnerzahl von einer dreiviertel Million Neuseelands größte Stadt ist, stellt das viel kleinere Wellington an der Südspitze der Nordinsel die

Der flügellose Kiwi ist das Wappentier Neuseelands

Hauptstadt. Wir blieben dort nur einen Tag und nahmen an einem Sonnabendmorgen das Fährschiff zur Südinsel. In einer Woche sollte ich wieder nach Wellington zurückkehren, allerdings weit weniger unternehmungslustig, als ich es noch beim Verlassen der Nordinsel gewesen war.

Ein böser Schock

Nach einer zweieinhalbstündigen Reise, deren letzter Teil an eine Fjordfahrt in Norwegen denken ließ, legte das Schiff auf der Südinsel in Picton an. Mit einem Bus im

Styling der 50er Jahre, mit langer Motorschnauze und soliden Ledersitzen, zockelten wir dann entlang des Meeres bis nach Christchurch, der größten Stadt der Südinsel, wo wir spät ankamen und uns im Rolleston-House, im Youth-Hostel, einquartierten.

Den nächsten Tag goß es in Strömen. Während Bernt sich ein wenig die Stadt ansehen wollte, verzog ich mich gleich in das große schöne Museum, das gegenüber dem Hostel in einem Park liegt. Ich interessierte mich besonders für die Nachbildungen der Maori-Boote, denn kein Volk der Südsee hat die Schiffsbaukunst so hoch entwikkelt wie die Maoris. Die in der Südsee schon lange gebräuchliche Form des Doppelkanus, das aus zwei Rümpfen mit einer verbundenen Brücke bestand, wurde von ihnen zugunsten noch größerer Einzelboote wieder aufgegeben. Auf diesen teilweise über 35 Meter langen *waka-taua*, Kriegskanus mit geschnitztem Bug und hochgezogenem Heck, hatten über 100 Personen Platz! Zu den Taktschlägen eines *poi*-Sängers wurden die Boote von Paddlern regelrecht übers Meer getrieben. Kein Wunder, daß die ersten europäischen Entdeckungsreisenden ihren Augen nicht ganz trauten, waren diese Boote doch sogar länger als die ihren! (Das berühmte Meutererschiff „Bounty" maß nur etwa 25 Meter in der Länge!)

Am Abend machte ich noch einige Aufnahmen der buntgefärbten Bäume im Stadtpark und ging ins Hostel zurück, um fällige Schreibarbeiten zu erledigen. Danach brachte ich meine Reisetasche, in der ich meine Fotoausrüstung, meine Ausweispapiere, Flugtickets, Schecks und mein Tagebuch aufbewahrte, in den Schlafraum. Da ich noch duschen wollte, steckte ich meinen Brustbeutel auch in die Tasche und versperrte – wie immer – die Reißverschlüsse mit Sicherheitsschlössern. Doch als ich wieder in den Schlafraum zurückkam, erlebte ich die größte Katastrophe dieser Reise. Meine Tasche war verschwunden!

Alles Suchen und Fragen blieb ergebnislos. Wie die herbeigerufene Polizei feststellte, mußten sich unbekannte Leute einfach in die Zimmer geschlichen haben, und da sie die Rucksäcke nicht öffnen konnten, nahmen sie sie einfach mit.

Es fällt schwer zu beschreiben, wie man in einem solchen Augenblick – und noch lange danach! – fühlt und denkt. Verzweiflung. Ohnmacht. Ärger. Zorn, Selbstvorwürfe... Hätte ich nur... Wäre ich nur...

Ich wollte es nicht wahrhaben und mußte mich doch damit abfinden. Es war ja nicht nur der materielle Schaden. Mit dem Tagebuch, den vielen Adressen und Notizen waren ja auch ideelle Werte verloren. Ganz zu schweigen, daß ich auch nicht wußte, wie es überhaupt weitergehen sollte. Der Schock saß tief. Irgendwo liest man immer von der Romantik des Globetrotterlebens, von der Freiheit. Aber in dem Augenblick empfand ich mich nur als vogelfrei.

Noch in der Nacht beteiligten sich Bernt und ich an Suchaktionen der Christchurch-Polizei. Wir halfen aber „nur", einen Autoknacker festzunehmen, der in der Nähe des Hotels soeben ein Autoradio ausbaute. Anderntags ging ich in meiner Not zur Zeitungsredaktion und bat in einem Artikel über den Vorfall die Diebe, wenigstens die Papiere herauszurücken. Daraufhin riefen mehrere Rundfunkstationen an und brachten ein Interview. Und als danach auch noch das Fernsehen anrückte und einen kleinen Film für die „National News" vorbereitete, wurde mein Fall Tagesgespräch. Viele Leute riefen an, drückten mir ihr Mitgefühl aus und bedauerten, daß ich solch einen schlechten Eindruck von Neuseeland bekommen hatte. Eine alte Dame schickte mir sogar etwas Geld. Die Mount-Cook-Airlines bot mir als Trostpflaster einen Freiflug zu den neuseeländischen Alpen an, wozu ich aber begreiflicherweise keine Lust mehr hatte.

Nach vier Tagen ein erster Lichtblick: Die Tasche wurde im Avon-Flüßchen gefunden! Aber ohne Inhalt, bis auf einige Filter, ein kleines Blitzgerät und das Tagebuch. Ich war sehr froh, wenigstens dies zurückzuhaben.

Dann mußte ich mich an die Beschaffung neuer Papiere machen. Telefonisch bat ich bei der deutschen Botschaft in Wellington um einen Ersatzpaß. Die Traveller-Checks bekam ich sehr schnell ersetzt. Und zum Glück gab es sogar ein UTA-Büro in Christchurch, so daß der Ausstellung eines neuen, kostenlosen Tickets nach Tahiti und den USA nichts im Wege stand. Jeder half mir, so gut er konnte. Ein neuer Impfpaß war nicht mehr nötig, da die noch zu besuchenden Länder keine Eintragungen mehr verlangten. Blieb noch das Problem des amerikanischen Visums, das ja mit dem gestohlenen Paß verschwunden war. Normalerweise hätte das auch seine Zeit gedauert, da aber der amerikanische Botschaftsbeamte durch das Fernsehen von meinem Unglück wußte, dauerte die Ausstellung nicht länger als einen Tag.

Ich hatte also mal wieder Glück im Unglück, und so langsam sah ich wieder „Land". Zudem trösteten mich in Christchurch verschiedene Leute und Familien deutsch-österreichischer Herkunft mit Besichtigungsfahrten und Einladungen zum Essen über die ersten deprimierenden Tage hinweg.

Durch dieses Ereignis schrumpfte natürlich mein

ursprüngliches Neuseeland-Programm zu einem Nichts zusammen. Mit dem Zug fuhr ich nach Wellington zurück, um den Behörden- und Papierkram hinter mich zu bringen, während Bernt in den Süden reiste. Abends im Hostel kreisten die Unterhaltungen der Traveller um die Südseeinseln, wo ein Großteil vorher gewesen war. Die Berichte von Wärme, Stränden, tropischen Früchten und liebenswerten Menschen erfüllten mich mit einem neuen Lebensgefühl, war ich doch meinem Traumziel jetzt endlich nahe. In der großen Bücherei von Wellington holte ich mir noch weitere Informationen. Als besten Reiseführer mit vielen Insider-Tips kaufte ich mir Bill Daltons „South Pacific Handbook", das ich jedem nur empfehlen kann, der einmal in Südseegefilde aufbrechen will.

Während der Wellington-Tage spülte ich auch des öfteren die trübseligen Abende mit ein paar Pinten des schwachen neuseeländischen Bieres hinunter, und ich will dies zum Anlaß nehmen, noch ein wenig über die für uns ungewohnten Reglements zu berichten, mit denen Vater Staat in Neuseeland seine Bürger vor den verführerischen Lockungen König Alkohols schützt. So werden in Restaurants Wein und Bier nur bei gleichzeitiger Bestellung von Speisen serviert. Berühmt-berüchtigt waren die früheren Zustände, als die „public bars" schon um 18.00 Uhr schlossen und die durstigen Männer nach Arbeitsende beinahe geschlossen an die Theken stürzten und das Bier stehend in aller Eile in sich hineingossen. Diese Zeit ist heute auf 22.00 Uhr verlegt worden.

Es kann auch vorkommen, daß man durstig wieder aus einer Hotelbar gehen muß, wenn man kein Gast des Hauses ist. In den BYO-Restaurants ist man Selbstversorger. BYO heißt nämlich „bring your own". Diese Restaurants besitzen keine Lizenz für den Alkoholausschank. Bier oder Wein kauft man im „liquor-store" – sofern sie zu später Stunde nicht geschlossen sind. Hier wie in Australien, wo diese Regelungen auch gelten, hat sich in dieser Hinsicht der viktorianische Einfluß erhalten.

Mit meinem neuen Paß machte ich mich auf den Rückweg nach Auckland. Ich nahm dazu den Bus, weil ich keine allzugroße Lust zum Trampen mehr verspürte. Noch einmal ging's durch die schönen Landstriche, in der Ferne grüßte der schneebedeckte Mt. Egmont, ein perfekt geformter Vulkankegel, der sich majestätisch aus einer Parklandschaft erhebt.

Im Mt. Eden Hostel traf ich Bernt, und gemeinsam erledigten wir die letzten Besorgungen. Zum Glück war das Ticket Auckland – Tonga noch nicht ausgestellt worden, sonst hätte ich diesem auch noch nachtrauern müssen. Innerhalb eines Tages waren wir somit wieder startbereit für den Flug in die Palmenparadiese.

Tonga – Vorstufe zum Paradies

„Liebe Freunde! Wenn Ihr diese Karte aus Tonga bekommt, könnt Ihr Euch denken, wo ich bin und was ich tue. Ich liege am Strand, lasse mir die Sonne auf den Pelz scheinen und fröne ausgiebig meinen Lieblingsbeschäftigungen – Nichtstun und Herumtrödeln. Einen kühlen Orangen-Flip in der Hand, habe ich unter den Palmen eigentlich nur eine Sorge: daß mir keine Kokosnuß auf den Kopf fällt. Wie ist das Leben schön!"

So schrieb ich einmal ein paar Grüße an die Daheimgebliebenen – mehr um einen Spaß zu machen, als um einen Reisebericht zu liefern. Aber das Bild des Friedens und der Harmonie entsprach der Wirklichkeit. Herzliche, gastfreundliche Menschen, malerische Dörfchen mit Bambushütten unter Palmenhainen am Meer und ein angenehmes Klima machten nach dem Neuseeland-Schock die Tage dort zu einem richtigen Kuraufenthalt. Mit Bernt und mir hatte es noch einige andere Robinsons an dieses herrliche Stück Land geschwemmt, und zusammen wohnten wir alle in „Leo's guesthouse" in Nukualofa, der Hauptstadt (besser: dem Hauptdorf) von Tonga.

Es ist leicht möglich, daß man dieses Tonga auf einer Südsee- oder Pazifik-Karte gar nicht auf Anhieb findet: die Inselgruppe des ältesten polynesischen Königreichs liegt zwischen Äquator und Neuseeland, gleich nach dem 180. Längengrad an der Datumsgrenze, so daß die Tonganer immer als erste den neuen Tag begrüßen können. Der Staat puzzelt sich aus etwa 170 Inseln im Westentaschenformat zusammen, von denen Tongatapu, die Hauptinsel, nicht größer als Sylt ist.

Am Flugplatz wurden wir damit überrascht, daß uns der Tonganer Leo in seinem Kleinbus kostenlos nach Nukualofa beförderte. Sein Gästehaus liegt am Meer und ist wie die vielen anderen Häuschen hier eine kleine Brettervilla, mit verschieden großen Schlafräumen, einer Küche und einem am Eingang befindlichen Aufenthaltsraum. Alles sehr einfach, dafür aber sehr gemütlich, und Carla, eine rundliche Tonganerin, begrüßte uns so herzlich, als wären wir viel zu lange fortgewesen. Für drei *„Paanga"* pro Tag, wie die Tonga-Währung heißt und was etwa sechs Mark entspricht, ließ es sich dort fürs erste hervorragend aushalten.

Es gibt noch mehr Unterkunftsmöglichkeiten dieser Art in Nukualofa. Aber nur ein einziges Haus, das *International Dateline*, deckt sich mit unseren landläufigen Hotelvorstellungen, was ich als großen Vorteil ansehe. Denn dadurch ist eine Invasion von Komfort-Travellern praktisch ausgeschlossen.

Wir schwärmten zu ersten Spaziergängen und Erkundigungen aus. Gleich nach der Uferstraße kommt man zum Markt, zum *malae*, wo sich jeden Tag halb Tongatapu und alle paar Autos der Insel zu treffen scheinen. Das Anbieten von Früchten, das Lachen, das Kommen und Gehen hört nie auf, und irgendwo steht immer einer, der ein Liedchen summt oder selbstvergessen vor sich hin trommelt. Südsee-Feeling. Selbst spätabends, wenn die Marktfrauen wieder in ihren Dörfern sind, harren noch einige Unentwegte aus, die einem im Vorbeigehen Kokosnüsse, Orangen oder Papayas anbieten – immer freundlich lächelnd, immer zu einem Schwätzchen mit dem Fremden aufgelegt. Ich weiß nicht, ob sie überhaupt nach Hause gehen, denn wenn am anderen Morgen das bunte Durcheinander wieder beginnt, sind sie immer noch oder schon wieder da.

Gleich am ersten Abend, als wir durch die stillen, kaum beleuchteten Sträßchen schlenderten, wurden wir von Leuten, die in einer Hofeinfahrt unter Petroleumlaternen auf Matten saßen, freundlich herbeigewinkt.

„Come, take a seat with us. Where do you come from" – Kommt, setzt euch zu uns! Wo kommt ihr her?

Neue Gesichter wecken bei den Tonganern höfliches Interesse. Freundliche Einladungen sind die Regel. Eine Kontaktbarriere, die es ja in jedem Land gibt und die oftmals unüberwindlich ist, scheint es hier nicht zu geben. „Friendly Islands" – Freundliche Inseln – nannte der

Gastfreundschaft wird bei den Tonganern großgeschrieben

englische Südsee-Seefahrer James Cook die Tonga-Inseln, weil er hier vor 200 Jahren von den Insulanern so freundlich willkommen geheißen wurde. (Was in damaligen Zeiten selten war, die ersten Kontakte endeten oftmals kriegerisch!)

Bei dieser Einladung machten wir die Bekanntschaft mit dem Nationalgetränk von Tonga. Es heißt Kawa und ist ein alkoholfreies Gebräu aus den zerriebenen Wurzeln des Kawa-Strauches und Wasser, hat eine erdbraune Farbe und schmeckt auch so – nach Lehm. Man bekommt beim Trinken einen etwas pelzigen Mund. Jeder Südseereisende wird es früher oder später einmal angeboten bekommen.

Besonders gefiel mir die melodische, fast nur aus Selbstlauten bestehende tonganische Sprache. *Ma-lo-le-lei* lernte ich als erstes, das ist der Gruß und heißt: „Möge es dir gutgehen" – was auch immer so gemeint ist!

Wir machten große Augen, als dann gegen Mitternacht

ein gebratenes Spanferkel aufgefahren wurde, aus dessen Schlappohren Hibiskusblüten wuchsen. Mit aufmunternden Handbewegungen wurden wir aufgefordert, kräftig zuzulangen. Essen und Trinken scheint eine der Hauptbeschäftigungen der Südseevölker zu sein, und sie müssen sich dafür nicht groß anstrengen, denn eine wohlmeinende Natur schafft alle Voraussetzungen. Die Überraschung des Abends kam aber erst noch. Ich sperrte Mund und Ohren auf, als mich plötzlich eine neu hinzugekommene Frau auf deutsch anredete: „Guten Abend, wie geht es dir?" Als ich mich von meinem Staunen erholt hatte, hörte ich die Erklärung: Sie war schon seit zwölf Jahren mit einem Bremer verheiratet, der auf Tonga einen kleinen Handel treibt. Einmal war sie sogar auch für einige Zeit in Deutschland gewesen.

„Aber dort viel kalt", lachte sie, „Tonga ist viel besser!" Zum Abschied schenkte sie mir ihre hübsche Blumenkette, die um ihren Hals hing.

Ja, Deutschland und Tonga. Kaum jemand weiß, wie weit die Beziehungen schon zurückreichen. Sie begannen zu Zeiten Bismarcks, der im letzten Jahrhundert auf eine Sicherung und Ausweitung der deutschen Südseekolonien bedacht war. Vom nahen West-Samoa aus, das als Kolonie zum Deutschen Reich gehörte, wurde 1876 mit dem damaligen Tonga-König Georg Tupou I. ein Freundschaftsvertrag geschlossen. Er eröffnete einen allgemeinen Wirtschafts- und Handelstausch und gestattete Schiffen der kaiserlichen Marine, auf den nördlichen Tongainseln Kohlebunker anzulegen. Wenngleich Tonga später unter den Schutz der Briten kam, so bewirkte dieser Vertrag doch, daß Tonga das Schicksal einer Kolonie erspart blieb – als einzigem Land der Südsee überhaupt! Und dies wiederum sicherte den Fortbestand der Tonga-Königsdynastie, dem ältesten Königshaus der Südsee (Die Könige von Hawaii, Tahiti und Fidschi existieren durch ihr Kolonienschicksal schon lange nicht mehr). Man mag das heute vielleicht als unwichtige Vergangenheit ansehen, ich habe aber festgestellt, daß man in Ländern, die nie Kolonien waren, ein viel besseres und unbelasteteres Verhältnis zur Bevölkerung gewinnen kann.

Tonga hat die freundschaftlichen Beziehungen zu Deutschland nie vergessen, und nach der Erneuerung des alten Vertrags 1977 kam König Taufaahau Tupou IV. im

Die königliche Familie von Tonga

November 1979 mit großem Gefolge nach Deutschland auf Staatsbesuch. Um darüber mehr zu erfahren – ich war zu jener Zeit in Indonesien –, ging ich anderntags zum „Tonga Chronicle", einer winzigen Zeitung, die einmal in der Woche auf Tonga erscheint.

„Da hat unser König ja mächtig für Aufregung in Ihrem Land gesorgt", meinte der Chefredakteur zu mir, „seine Einladung an die Deutschen ist wohl gründlich mißverstanden worden."

König Tupou IV. sprach nämlich davon, daß er die Deutschen wegen ihrer Tüchtigkeit schätze und daß er sie gerne in seinem Palmenparadies sehen würde.

Sei es, daß sich Übersetzungsfehler einschlichen oder daß Deutschlands Blätterwald einfach übertrieb, der Lockruf hatte im Germanenland ungeahnte Folgen! Tausende, die die Zivilisationshektik leid waren, sehnten sich plötzlich nach einem Platz an der Sonne. Südseeträume, so schien es, konnten auch noch im nüchternen 20. Jahrhundert wahr werden. Während sich die einen noch zu Initiativen zusammentaten, flogen Kurzentschlossene gleich los.

„Sie kamen einzeln oder in kleinen Gruppen", wurde mir erklärt, „stellten sich als Auswanderungswillige vor, redeten von einer eigenen Insel und wunderten sich gleichzeitig, warum es außerhalb Nukualofas schon keinen Strom mehr und ungenügend Wasser gibt."

Ich konnte mir dieses Auftreten bildhaft vorstellen, das zwischen grenzenloser Naivität und großspuriger Überlegenheit gelegen haben muß. Schade. Hätte man sich ein wenig mehr mit den tonganischen Verhältnissen vertraut gemacht, wäre klargeworden, daß König Tupou IV. es anders gemeint hatte. Landverkauf an Ausländer ist nämlich nach der Verfassung verboten, weil nach einem alten Lehnssystem zuerst einmal jedem männlichen Tonganer das Anrecht auf Bewirtschaftung von etwa drei bis vier Hektar Land zusteht. Durch den enormen Bevölkerungszuwachs der letzten Jahrzehnte stehen jetzt aber schon über 10 000 junge Männer auf der Warteliste!

Der Traum vom eigenen Südseeparadies fand somit ein rasches Ende. All das wollte ich eigentlich durch ein Interview beim König erfahren, doch davor stand das Protokoll. Und das schreibt nun einmal vor, daß man für eine königliche Audienz zumindest Jacke und Krawatte zu tragen hat. Ich konnte aber nur mit meinen verwaschenen Jeans und einer Menge T-Shirts aufwarten.

Tongatapu ist eine sehr flache Insel, und kleine Ausflüge unternimmt man am besten mit dem Fahrrad oder mit einem der klapprigen Busse, die am Markt stehen. Einfach einsteigen und sich überraschen lassen, wo man landet! Betonkultur und Industrieanlagen haben die Insel noch nicht verwüstet, selbst die wenigen offiziellen Gebäude in Nukualofa ducken sich diskret hinter mächtigen Kasuarinenbäumen. Draußen in den Dörfern geht das Leben seinen altgewohnten Gang, die kleinen Häuser sind durchweg aus Naturmaterialien erbaut. Immer freundlich lachend begegneten mir die Kinder, wollten mit dem *palangi*, dem Weißgesicht, ein paar Späßchen machen – *ma-lo-le-lei*. Brotfrüchte und Kokosnüsse, daneben noch Vanille und Bananen sind die Grundlagen der Landwirtschaft. Einmal konnte ich eine Frau beobachten, wie sie unermüdlich mit einem großen Hackmesser Kokosnüsse aufschlug, um an die Kopra zu kommen. Dazu setzte sie sich rittlings auf einen Baumstamm, in dem vorne ein scharfer Metallkeil eingeschlagen war. Damit raspelte sie die Kopra in feinen Flocken ab. In Säckchen gesammelt und von Zeit zu Zeit ausgepreßt entsteht daraus das duftende, feine Kokosnußöl.

Die Frauen und Mädchen Tongas beherrschen auch noch die Kunst, aus Baumrinde Stoff herzustellen. „Tap, tap", klingt es, wenn sie mit flachen Holzschlegeln die weiche innere Rinde des Papiermaulbeerbaumes breitklopfen. Diese Rindenstreifen – *tapas* genannt – werden anschließend mit einem bestimmten Wurzelsaft zu sehr großen Teppichen zusammengeklebt und mit schwarzen und braunen Farben bemalt. Tapas spielen auf Tonga eine große Rolle. Sie sind unentbehrlicher Bestandteil bei Feiern und im Alltag. Ich sah einmal Frauen zu, die an einem riesigen Hochzeitstapa arbeiteten, der mindestens 10 × 25 Meter groß war.

Wenn ich tagsüber nicht draußen am Strand oder beim Schnorcheln war, ging ich durch Nukualofa spazieren oder hielt ein Schwätzchen mit neuen Freunden und Freundinnen. Wir trafen uns meist zum Korbballspiel auf der Wiese vor dem Holzschloß des Königs oder warteten auf die Fischer, bis sie mit ihrer frischgefangenen Ware zurückkehrten. Verspürte man Hunger, brauchte man sich nur einen der schmackhaften Fische in richtiger Größe zu kaufen und dann in „Leo's Guesthouse" zuzubereiten. Als Nachtisch wählte ich aus meinem Früchtevorrat entweder eine saftige Papaya oder Melone aus. Noch besser erging es mir, wenn ich gleich beim Fischkauf von dem Mädchen Latu eingeladen wurde. Dann übernahm ich den Einkauf, und zu Hause bei ihrer Großmutter bereiteten wir eine Mahlzeit nach altem tonganischem Familienrezept zu. Damit aber keine falschen Vorstellungen aufkommen: Tongas Mädchen sind sehr behütet und auf ihren Ruf

Die Spielwiese vor dem Holzschloß König Tupous IV.

bedacht. Man kann ihnen übrigens keine größere Freude machen, als wenn man sie in eins der Freiluftkinos mitnimmt. Sie revanchieren sich dann vielleicht mit einer Einladung zu einem Kawa-Trunk, zum Tanzen und Singen. Bernt, ein Kanadier und ich hatten einmal das Glück, solch einen Abend zu erleben. Dabei wurde die Kawa-Zubereitung noch so zelebriert, wie sie der Tradition nach zu geschehen hat: Wir saßen im Kreis auf einer Pandanus-Matte, und in der Mitte stand die *tanoa*, eine große, geschnitzte Holzschüssel auf fünf Beinen. Während eines der Mädchen über der Tanoa Kawa-Wurzeln mit Steinen zerbröselte, goß eine andere Wasser darüber. Mit einer Art Seiher aus Bast vermischten sie den Aufguß, dann hoben sie den Seiher hoch, um Farbe und Stärke des Kawa zu

Traditionelle Kawa-Zeremonie (Zeichnung)

Kawa-Wurzeln werden zum Trocknen ausgelegt

prüfen. Schließlich siebten sie alle Wurzelrückstände sorgfältig heraus. Zum Zeichen, daß nun das Ausschenken beginnen würde, klatschte das Mädchen an der Tanoa in die Hände. Als Trinkgefäße dienten uns halbierte Kokosnußschalen. Früher, als die Kawa-Zeremonie noch eine sehr starke soziale Bedeutung hatte, übernahm die Zubereitung die schönste Dorfjungfrau, und die Wurzelstücke wurden gekaut anstatt zermahlen.

Wir lobten natürlich alle den hervorragenden Kawa, was aber nur zur Folge hatte, daß unsere Kokosnußschalen gar nicht mehr leer wurden! Nach einiger Zeit wurde es mir langsam zuviel, und wenn ich versuchte, mit verzogenem Gesicht die Schale mit einem Schwung in mich hineinzukippen, wie es die Sitte verlangt, amüsierten sich unsere Gastgeber königlich. Dann wurde gesungen. Schöne, mehrstimmige Lieder, manche ruhig und sanft, andere lustig und ausgelassen, die wie Spottlieder klangen. Obwohl ich die Texte nicht verstehen konnte, erfaßte mich doch die Melancholie und Fröhlichkeit der Lieder.

Die Mädchen, wie üblich eine rote Hibiskusblüte oder eine schneeweiße Frangipani hinterm Ohr, begannen auch bald zu tanzen. Im Gegensatz zu dem bekannten Hula auf Hawaii oder der Tamure auf Tahiti, die durch ihre vibrierenden Hüftbewegungen mehr erotischen Charakter haben, ist der *otuhaka* von Tonga ein Sitztanz. Die Mädchen sitzen nebeneinander und vollführen gestenreiche Arm- und Fingerbewegungen, die mit der Musik und dem Gesang harmonieren. Man wird ein wenig an die Thai-Tänze erinnert. Für diesen Abend waren auch einige Mädchen in wunderbar gearbeitete, aus feinstem Pandanusbast geflochtene Kleider geschlüpft. Gesicht, Arme und Rücken waren mit duftendem Kokosnußöl, dem alten

Schönheitsmittel der Südsee-Mädchen, glänzend einge-
rieben.

Der Wind, der die Blumendüfte herantrug, die funkeln-
den Sterne, das Singen und Tanzen, der Kawa und die
warme Nachtluft vermittelten ein unvergeßliches Gefühl
des Friedens und der Gelöstheit, wie ich es bisher nie
wieder erlebt habe.

König Tupous Untertanen singen, lachen und tanzen nicht
nur gerne, sie sind auch sehr fromme Christen. Nir-
gendwo haben die Missionare der englischen „Wesleyan-
Church" – das sind Methodisten – eine so eifrige und treue
Anhängerschaft gefunden wie auf den Tonga-Inseln!
Sonntags wird in den Kirchen gesungen, soviel die Lungen
hergeben, und wer einmal nach Tonga kommt, sollte diese
herrlichen Lieder und Choräle ja nicht versäumen! Auch
der König und seine Familie nehmen an dem Gottesdienst
teil, und es ist schon ein imposantes Bild, wenn er mit
seinem großen, mächtigen Körper – ganz dem traditionellen polynesischen Schönheitsideal entsprechend –, angetan
mit knöchellanger Kutte und der *vala*, dem gehäkelten
Bastschürzchen, aus dem Mercedes 600 steigt.

Tu'i Tonga hießen die früheren Könige von Tonga, und
Tupous Dynastie ist das älteste noch Macht ausübende
Herrscherhaus der ganzen Welt, über 1000 Jahre läßt sich
die Linie zurückverfolgen! Auf Tongatapu steht ein Trilithon, ein mächtiges Steintor, das eine Art Tropen-Version
von Englands Stonehenge darstellt. König Tupou fand
höchstpersönlich heraus, daß seine Vorfahren mit Hilfe
der in dem Trilithon eingemeißelten Markierungen die
Sonnenstandsrichtungen des längsten und kürzesten Tages
festlegten! Das Erstaunlichste an diesem Trilithon ist aber,

Tonganische Frauen mit gehäkeltem Bastschürzchen, der vala

daß die tonnenschweren Riesenblöcke von einer ganz anderen Insel stammen! Bekanntermaßen gehörten die alten Polynesier zu den geschicktesten Bootsbauern und den wagemutigsten Seefahrern der Geschichte. Waren auch die seemännischen Leistungen der europäischen Entdeckerkapitäne bewundernswert, gegen die Taten der polynesischen Völker verblassen sie völlig. Sie beherrschten die Kunst des Navigierens bis zur Vollendung. Ohne technische Hilfsmittel, wie Kompaß und Seekarte, orientierten sie sich über große Entfernungen hinweg nur an Wind, Sternen und Strömungen. Als im 16. Jahrhundert die ersten Europäerschiffe in der Südsee auftauchten, waren längst schon fast alle bewohnbaren Inseln der riesigen pazifischen Wasserwüste angefahren und besiedelt worden. Es wird heute übereinstimmend angenommen, daß die Urpolynesier am Morgen der Zeiten von Südostasien in See stachen und dann langsam in einem Inselspringen von Hawaii kommend nach Süden vorstießen. Etwa im 14. Jahrhundert n. Chr. war die Besiedlung der Südsee abgeschlossen.

Zwei Begriffe, die nicht nur auf Tonga, sondern in der ganzen Südsee eine wichtige Bedeutung haben, lernte ich kennen, als ich einen Schüler fragte, was denn unter dem Namen der Hauptinsel „Tongatapu" zu verstehen sei. „Heiliger Süden", meinte er, weil die Tonganer einst von Samoa nach Süden fuhren. Von *tapu* leitet sich das bei uns gebräuchliche Wort „tabu" ab, das man hier aber mit hartem „p" und der Betonung auf der ersten Silbe ausspricht. *Tapu* hat in der Südsee aber nicht so sehr die Bedeutung von „verboten", sondern ist vielmehr ein religiöser Bann, dessen Verletzung die Strafe der überirdischen Mächte nach sich zieht. Alle Südsee-Könige zum Beispiel waren *tapu* und konnten diesen Bann auch auf Dinge oder Tiere übertragen. So sind auf Tongatapu in einem Dorf Tausende von Fledermäusen, die sich auf mächtigen Bäumen tummeln, für jedermann *tapu*, nur die Königsfamilie darf sie jagen!

Der andere wichtige Begriff, der früher das Zusammenleben unter den Menschen regelte, war das *mana*. Es bedeutet soviel wie „außergewöhnliche Wirkungskraft", und es ist eine allen Dingen, Menschen und Tieren innewohnende Ausstrahlung. *Mana* kann man verlieren oder erwerben, ein starkes *mana* haftete immer Königen, Priestern und einflußreichen Personen an.

Gastfreundschaft auf Fidschi

Die zwei Wochen, die ich für Tonga eingeplant hatte, gingen viel zu schnell zu Ende. So stieg ich fast ein wenig wehmütig in die Maschine, obwohl mein nächstes Ziel auch in der Südsee lag.

Nach zwei Stunden Flug tauchten auf der blaugrauen Meeresoberfläche einige Punkte auf, die sich beim Näherkommen als beachtlich große Inseln entpuppten: die Fidschi-Inseln. Breitbucklig und schroff gliedert sich Viti-Levu, die Hauptinsel der Gruppe, in Berge, Tropenwälder

Mehr als die halbe Welt habe ich jetzt umrundet

und Küstenlinien. Gleich nach der Landung in Suva, der Hauptstadt von Viti-Levu, fuhren wir zum „Coco-nut-Inn", dem Treffpunkt aller Südseereisenden. Für etwa sieben Mark konnten wir in einem kleinen Mehrbettraum mit Küchenbenutzung unterkommen.

Am Montag durchstreiften Bernt und ich die Stadt. Welch ein Unterschied zu Nukualofa! Suvas Häuser sind zweigeschossige Gebäude im alten Kolonialstil, zwischen denen sich moderne Bauten aus Glas und Beton erheben. Am Hafen wurde Kopra verladen, deren süßlich-fauler Geruch alle anderen Gerüche überlagerte. Einen Steinwurf vom Hafen entfernt fand ein Markt statt, auf dem ein lautes, lachendes Durcheinander herrschte. Bei einer der Mammies wagten wir uns an unser erstes Fidschi-Mahl: Reis, Yams-Wurzeln, gebackenes Huhn in Pfeffersoße mit gebratenen Bananen, kurzen, dicken Früchten, die sehr aromatisch schmeckten. Mit unseren soeben gewechselten Fidschi-Dollar bezahlten wir umgerechnet etwa drei Mark dafür.

Fidschi ist zollfreies Gebiet, und manch teuren Luxusgegenstand kann man hier wesentlich billiger als in Neuseeland oder Australien kaufen. Ich legte mir hier wieder eine Kamera zu, nachdem ich auf Tonga ein paarmal einen Apparat ausgeliehen hatte. Handeln hatte ich ja in Singapur gelernt, und so stand dem indischen Fotohändler ein zäher und hartnäckiger Kunde gegenüber. Die Inder wurden im letzten Jahrhundert von den Engländern als genügsame, billige Arbeitskräfte für die Zuckerrohrplantagen ins Land geholt, und heute stellen sie mehr als die Hälfte der Gesamtbevölkerung! Sie sind Bürger wie die eigentlichen Fidschianer, die schwarzen, kraushaarigen Melanesier, doch eine Assimilierung fand nie statt. Die Inder sprechen weiter ihre eigenen Sprachen, haben ihre eigenen Religionen und bleiben auch sonst ihrem Lebensstil treu, ähnlich wie die Auslandschinesen in den südostasiatischen Staaten. Als gewiefte Geschäftsleute kontrollieren sie fast den gesamten Handel und das Finanzwesen des Fidschi-Staates. Die Fidschianer konnten sich gegen eine weitere Überfremdung nur dadurch wehren, daß sie Gesetze erließen, nach denen Inder kein Land mehr kaufen können.

Nach einigen erholsamen Tagen beschlossen wir, die östlich von Viti-Levu gelegene Insel Ovalau zu besuchen. Frühmorgens fuhren wir mit einem Bus los. Die Straße bot alles, was einem gestandenen Rallyefahrer das Herz höher schlagen läßt: eine staubige Schotterpiste, badewannengroße Schlaglöcher, Bodenwellen und kleine Holzbrükken, die so schmal waren, daß man sie genau anvisieren mußte. Unser Fahrer hatte noch den richtigen Pioniergeist! Nach dem Motto „alles oder nichts" wurde das Vehikel erbarmungslos durch die Kurven gedroschen und dann vor einem plötzlich auftauchenden Hindernis so stark abgebremst, daß alles nach vorne klappte und die Staubwolke, die wir wie eine aufsteigende Rakete hinter uns dreinzogen, den Bus als dichte Nebelwand überholte! Wer unterwegs aussteigen wollte, zog einfach an einer Strippe, die unter dem Dach verlief und neben dem Fahrer eine Glocke bimmeln ließ.

An den Haltestellen verkauften Kinder Früchte und Zuckerrohrstücke, die in der dumpfen Hitze herrlich erfrischend schmeckten. Während der Fahrt flogen dann aus der offenen Seitenwand unablässig Abfälle und Früchteschalen, als ob der schwache nachfolgende Verkehr zu einer Schnitzeljagd aufgefordert werden sollte.

In einem Nest mit Namen Natovi war die Fahrt zu Ende, und wir wechselten auf ein kleines Boot über. Am Horizont konnte man ganz schwach die Insel Ovalau ausmachen. Durch eine rauhe See stampfte und schlingerte der Kahn brav hinaus, und nach etwa zwei Stunden hatten wir in dem Hafen Levuka wieder festen Boden unter den Füßen. Klein und schläfrig liegt der Ort zwischen Meer und Bergen. Wie so viele Fidschi-Inseln ist auch Ovalau vulkanischen Ursprungs, mit unwegsamem Inland, wo eine üppige Natur alles zudeckt, und Korallen und Klippen an der Küste, die den Schiffen gefährlich werden können. Ein altersschwaches Gefährt beförderte uns die Hänge hinauf einige Kilometer landeinwärts. Dann ging es auf Schusters Rappen weiter. Der Weg führte weiter

Fidschi-Boot in traditioneller Bauweise

„Bula, bula", riefen uns die Kinder auf Fidschi zu

bergan, durch palmenbestandene Wiesen, vorbei an kleinen Dörfern, aus denen die Kinder rannten und *bula, bula* schrien. Das ist der traditionelle Gruß auf den Fidschi-Inseln.

Am späten Nachmittag hatten wir unserer Schätzung nach das Inselzentrum erreicht, und vor uns öffnete sich ein Tal mit einem kleinen Dorf. Es lag an einem glasklaren Bergbach, an dem Kinder herumtollten und Frauen Wäsche wuschen. Viele Hütten waren noch mit Palmwedeln gedeckt. Wie üblich erfüllten uns ein wenig bange Erwartungen. Wie werden die Bewohner sich uns gegenüber verhalten, freundlich oder feindlich? Wir setzten uns zuerst mal an den Bach, ruhten uns aus und ließen die Szenerie auf uns wirken. Bald danach wurden wir von einem Jungen angesprochen, der uns aufforderte, doch mit ihm zu kommen. In seinem Haus konnten wir unsere kleinen Rucksäcke abstellen, und dann zeigte er uns das weitere Dorf, die Kawawurzeln, die zum Trocknen auf Blechen ausgelegt waren, das System der Wasserleitungen und eine kleine Schule mit einem Sportplatz, auf dem ein Dutzend Bengel schreiend hinter einem platten Ball herrannten. Da wir ja kein Zelt mithatten, hofften wir, irgendwo im Dorf übernachten zu können. Dazu brauchten wir die Erlaubnis des Dorfvorstehers, auf den wir noch bis zum Anbruch der Dunkelheit warten mußten, bis er von der Feldarbeit zurückkehrte. Nach einer kurzen Vorstellung trugen wir unser Anliegen vor, und generös lud er uns gleich in sein eigenes Haus ein!

Nachher bat er uns zu unserer freudigen Überraschung noch zu einem richtigen Fidschi-Essen auf die Matte. Man sitzt während der Mahlzeit mit untergeschlagenen Beinen im Kreis. Beim flackernden Licht einer Petroleumlampe trug seine Frau Tarowurzeln und heiße Brotbaumfrüchte auf, die ja für die Südseeinseln so charakteristisch sind wie für Deutschland Apfelbäume. Die Brotfrucht ähnelt einer Melone, eine dicke Schale umhüllt das weiße Fleisch, das bis auf einen leicht zu lösenden Kern eßbar ist. Doch man muß sie vorher kochen oder, noch einfacher, im Feuer rösten. Sie schmeckt etwa wie eine aromatische Kartoffel. Wenn ein Fidschianer oder ein anderer Südseemann im Lauf seines Lebens etwa zehn Brotfruchtbäume gepflanzt hat, dürfte er für die Ernährung seiner Familie genug getan haben. Zum Trinken gab es Tee und später Kawa, den man aber auf Fidschi *yanggona* nennt. Wir hatten einen großen

In der Mitte steht die Schale mit „Yanggona", wie der Kawa auf Fidschi heißt

Bund Kawa bei einer Frau gekauft, den wir nun als Gastgeschenk übergaben. Das ist überhaupt ein wichtiger Punkt in der Südsee, das Geben und Nehmen. Das Profitdenken war auf den ganzen Inseln bis zum Auftauchen der Europäer praktisch unbekannt. Ungeschriebenes Gesetz ist es aber, daß jedes Geschenk, jeder Dienst in etwa gleicher Weise und Form erwidert werden muß. Ahnungslose Touristen, die großzügig Trinkgelder verteilen, bringen den Empfänger in die Verlegenheit, in der Schuld des Gebers zu stehen. Mit den Kawawurzeln hatten wir also die Einladung wieder ausgeglichen. Der Dorf-„chief" staunte, wie gut wir die Zeremonie kannten und wieviel wir schon vertragen konnten.

Es wurde ein schöner, harmonisch verlaufender Abend. Wir beantworteten der Familie die vielen Fragen, die sie über die weite Welt hatten, zeigten Bilder und Postkarten unserer Wohnorte und Angehörigen (ein guter Tip, solche Sachen immer auf eine Reise mitzunehmen!), wobei Bernts Bilder von einer schwedischen Bauernhochzeit besonderes Interesse und großes Staunen hervorriefen!

Tahiti oder Ausverkauf eines Paradieses

Tahiti konnte ich mit meinem Ticket nur auf dem Umweg über Auckland (Neuseeland) erreichen.

Gegen Mitternacht hob die bis auf den letzten Platz besetzte UTA-Maschine in Auckland zu ihrem vierstündigen Flug nach Tahiti ab. Bei diesem Flug stand allen etwas Besonderes bevor: das Überschreiten der Datumsgrenze. Von West nach Ost gewinnt man einen Tag, umgekehrt verliert man einen. Da wir am 10. Mai in Auckland abflogen, würden wir am 9. Mai in Tahiti ankommen!

Dann wurde es sehr schnell hell, und das mitten in der Nacht um zwei Uhr, wie ich nach einem Blick auf meine Armbanduhr verblüfft feststellte. Aber ich hatte ja die Zeitverschiebung vergessen, die zwischen Neuseeland und Tahiti zwei Stunden beträgt. Erste Inselzacken, weiß umschäumt, die Farben des Wassers und des Himmels so klar und rein, daß ich nicht zu sagen vermochte, wo das eine aufhörte und das andere begann. Breitbucklig und mit hohen Bergspitzen lag Tahiti da. Beim Anflug meinte ich, mitten ins Meer zu stürzen: Die Start- und Landebahn des

„Faaa-Airport" ist direkt in die Lagune hineinbetoniert!

Als ich ausstieg, prallte ich förmlich gegen die feucht-heiße Luft, meine Brillengläser beschlugen, eine solche Schwüle hatte ich noch nicht erlebt! Meinen schweren Rucksack empfand ich als eine Zentnerlast. Die Zeitver-schiebung und der anbrausende Verkehr – Vorsicht, jetzt wieder rechts! – forderten meine letzten Kräfte, so daß ich am liebsten sofort das Flugzeug weiter nach Amerika oder wenigstens zurück in das ruhige Tonga genommen hätte. Ich tröstete mich damit, daß es den anderen Rucksackrei-senden auch nicht viel besser zu ergehen schien. Flügel-lahm trotteten wir durch Papeete, der Hauptstadt der Insel. Der erste Eindruck war erschreckend: eine häßliche Ansammlung von schmucklosen Betonbauten und baufäl-ligen alten Häusern, vor allem aber ein Verkehr, der jeder europäischen Großstadt „Ehre" gemacht hätte.

Wir machten uns auf die Suche nach einem Quartier, doch die Preise waren so schockierend hoch, daß wir schon aufgeben wollten. Zum Glück bekamen wir die Adresse eines Sport-Gästehauses, das an der Uferstraße vor der Stadt liegt. Vorbei an den Jachten aus aller Herren Länder, die längs der Kaimauer bei der Hauptstraße liegen, machten wir uns im Gänsemarsch auf den Weg. Großes Aufatmen allerseits, als noch Plätze frei waren und wir nur fünfzehn Mark pro Nase und Nacht zu berappen hatten. Nach einer Dusche ließen wir uns auf die Betten fallen und kamen erst am Nachmittag wieder einigermaßen zu uns. Unsere Stimmung war allerdings nicht besser geworden. Trübe hingen wir unseren Gedanken nach, bis Bernt plötzlich sagte: „Ich glaube, ich fliege gleich mit der nächsten Maschine nach Los Angeles weiter. Mir gefällt es hier gar nicht!"

Nun ja, ich konnte ihn verstehen, er sprach kein Wort Französisch, hinkte schon ein paar Monate hinter seinem ursprünglichen Zeitplan her, war in Gedanken immer noch auf Tonga, und finanziell hatte er auch nichts mehr zu lachen. Aber in der Hinsicht waren wir beide gleich übel dran. Durch den Diebstahl und den dadurch nötigen Kamerakauf auf Fidschi war meine Finanzlage sehr geschwächt. Auf Tahiti würde Schmalhans Küchenmeister sein. Hinzu kam, daß die Lebensmittelpreise auf Tahiti jeder Beschreibung spotten. Als ich auf dem Markt ein paar Früchte kaufen wollte, sollte ich für einige Bananen das Doppelte zahlen wie in Deutschland, obwohl hier doch an jeder Ecke Bananenbäume wachsen. Für Kokosnüsse galt das gleiche. Doch davon lagen am nahen Strand genügend herum, sie bildeten für die nächsten Tage die Grundlage meiner „Nulldiät" (Ernährung ohne Geldausgaben). Als Abwechslung gestattete ich mir ab und zu einen halben Liter Milch, altbackene „baguette"-Brote gab der Chinesenhändler an der Ecke billiger ab, und in einem Supermarkt in Papeete entdeckte einer von uns einen Posten Camembert-Käse, dessen Verfallsdatum schon lange überschritten und der deshalb im Preis stark reduziert war. Dafür zog dann ein unbeschreiblicher Duft durch unser Quartier!

Aber eines ist phantastisch auf Tahiti: das Leitungswasser! Noch nie habe ich ein so wohlschmeckendes, frisches Wasser getrunken! Es kommt direkt aus klaren Bergbächen im Innern der Insel. Außer dem Wasser wird sonst alles aus Frankreich importiert, von der Stecknadel bis zur Atombombe.

Außerhalb von Papeete reihen sich an den schönsten Plätzen die Luxushotels in allen nur denkbaren Baustilen.

Reiche Westeuropäer und amerikanische Millionäre jetten um die halbe Welt, um dort ihr Geld loszuwerden: Die Preise liegen zwischen zwei- und dreihundert Mark pro Nacht. Dieses Geld fließt zwar zum Teil wieder den Polynesiern zu und ermöglicht ihnen im Moment, noch weniger zu arbeiten und dem so geliebten leichten Leben nachzugehen, doch nur die wenigsten scheinen gemerkt zu haben, daß damit schon längst der Ausverkauf ihrer schönen Inseln begonnen hat. Rings um Tahiti führt schon eine Art Autobahn, und viele schöne Plätze sind durch Müllhaufen verschandelt. In Papeete selbst ist ein Groß-stadtproletariat entstanden, das arbeitslos herumlungert und in den Bierhallen das Geld versäuft. Den einzigen Halt, den die Polynesier noch haben, ist das Dorf, aus dem sie stammen, und in das manche nach den ersten schlechten Erfahrungen zurückgehen. Sie kommen oft von weit her, von den Marquesas, von den Gambier- oder Tuamotu-Inseln.

Ich hatte den Eindruck, daß die Polynesier viel zu höflich und zu gutmütig für diese brutale Zivilisation sind, die von außen auf ihre Inseln getragen wird. Sie sind keine Geschäftsleute, diesen Part haben die Chinesen übernommen, die schon über 10 Prozent der Bevölkerung stellen und dank ihrer Mentalität und ihres Fleißes überhaupt keine Mühe haben, die anderen auszunehmen und wirtschaftlich zu überholen. Fast überall, wo ich vorher schon einmal war, sei es auf Bali, Thailand oder in afrikanischen Staaten, frißt dieser Moloch westliche Zivilisation traditionelle Lebensweisen auf, entwurzelt die Menschen und spuckt sie als haltlose, verbitterte und enttäuschte Leute wieder aus, die oft nicht einmal ihre elementarsten Bedürfnisse wie Wohnen und Essen mehr befriedigen können.

Ich tat das einzig Richtige, was man in Papeete tun kann: Ich verließ es auf dem schnellsten Wege. Mit einem „truck", wie die zu Bussen umgebauten Lastwagen heißen, fuhr ich zunächst ein Stück aus der Stadt heraus, und die weitere Strecke trampte ich, was ohne Schwierigkeiten ging, weil man schnell mitgenommen wird. Entlang der Küste wuchern die schönsten Blumen und Sträucher wie Unkraut: Bougainvilleas, Hibiskus, Jasmin und die Tiare Tahiti, eine stark duftende, weiße Blüte, die Nationalblume Tahitis. Rote Flamboyant-Papaya und Brotfruchtbäume vervollständigen das Bild üppigen Wachstums. Der Strand jedoch enttäuscht, wie bei vielen Inseln vulkanischen Ursprungs: Er ist meist überwuchert, besitzt braunen oder schwarzen Sand. Doch dann entschädigt wieder der Blick über die See: Das helle Lagunengrün verfließt nach außen ins Türkis- und Azurblaue, je nach Wassertiefe in verschiedenen Abstufungen, bis der weiße Schaumkranz an den Korallenriffen das stille, ruhige Wasser abschließt. Die gewundene Straße führt durch kleine Ortschaften, die sich rechts und links auf dem nicht allzubreiten Terrain zwischen Meer und Gebirge hinziehen. Als Adresse gibt man auf Tahiti einfach die Zahl des Kilometersteins nach Papeete an. Ein wohl ziemlich einmaliges System.

Ab und zu ging ich auch ein Stück zu Fuß. Dann konnte man das Grunzen der Schweine, das Klicken der Billardbälle und auch ab und zu eine Gitarre hören. Es ist also doch noch etwas Atmosphäre zu finden.

Die Polynesier sind überaus offen und freundlich zu Fremden und sprechen alle französisch, so daß es keine Verständigungsprobleme gibt. Wie auf Tonga sind Männer und Frauen von großer, massiger Gestalt, viele könnte

Körperfülle ist das Schönheitsideal der Südsee

man auch schon als fett bezeichnen. Schlanke wie ich werden hier bemitleidet. Ganz reinrassige Polynesier trifft man kaum noch, das Blut der meisten ist europäisch-melanesisch-chinesisch vermischt. Interessant sind einige

Worte im Polynesischen, zum Beispiel „lima" = fünf, das auch in der indonesischen Sprache und auf Fidschi so heißt. Durch linguistische Forschungen konnte der Beweis erbracht werden, daß alle Sprachen des pazifischen Raumes, bis hin nach Madagaskar, dem indochinesisch-malayischen Sprachstamm zugehören, was wiederum Rückschlüsse auf die Urheimat der Polynesier erlaubt.
Sehr lohnend ist der Besuch des neuen Museums. Schautafeln, Gegenstände und Vitrinen vermitteln einen Eindruck davon, wie vielfältig und vielschichtig das Leben auf Tahiti vor der Ankunft der Europäer war. Hier herrschte eine archaische Hochkultur, die Herkunft der Herrscher, der *ariki*, wurde von den Göttern abgeleitet. Wie die Großhäuptlinge und Könige von Hawaii waren sie mit Federgürteln bekleidet. In den *marae*, den Göttern geweihten Steinbauwerken, fanden Gottesdienste statt. Die Marae-Pyramide von Mahaitea ist leider lange als Steinbruch benutzt worden, so daß man nur noch die Grundmauern des fast 100 Meter langen Bauwerks und einen unförmigen, dicht bewachsenen Hügel darüber sieht.
Tahiti hat die fast perfekte Form einer Acht, beide Teilkreise sind erloschene Vulkankegel. Eine wilde, weglose Wildnis macht den Zutritt ins Innere sehr schwierig, und fast immer sind die Bergspitzen in dichte Wolken gehüllt.
Als ich die Insel fast ganz umrundet hatte, erreichte ich den Venus-Point, wo James Cook einst im Auftrag der Royal Society London den wissenschaftlichen Auftrag der Venusbeobachtung durchführen mußte. Zu gerne wäre ich allerdings dabeigewesen, als der Engländer Wallis einige Jahre früher – 1767 – als erster Europäer mit seinem Schiff auf Tahiti vor Anker ging! Vor meinem geistigen Auge sah

ich, wie die Kanus der Polynesier zu Hunderten das Schiff umrundeten, wie sie die neuen weißen Götter bestaunten und willkommen hießen. Die aber wandten sich profaneren Dingen zu: „Bereits der erste Anblick der Mädchen", so schrieb Wallis in sein Logbuch, „war so überwältigend, daß er alle unsere Männer ganz verrückt nach einem Landgang machte – selbst die Skorbutkranken!" Auch Bougainville und Cook, die kurze Zeit später anlandeten, waren nicht weniger beeindruckt. Cook konnte bereits bei seinem zweiten und dritten Besuch, jeweils einige Jahre später, den Verfall der Kultur und Lebensweise der Tahitier beobachten. Nun, heute würde er alles sicherlich nicht mehr wiedererkennen, mit Ausnahme der Naturkulisse vielleicht. Die *vahines*, die Mädchen, die ihn jedesmal mit Gesang und Blumenkränzen willkommen hießen, stehen heute hinter Registrierkassen oder bedienen Schreibmaschinen. Nach den Entdeckern und Seeleuten kamen bald andere, kaum weniger zweifelhafte Vertreter aus Übersee: Missionare, Sklavenhändler, Geschäftemacher. Dichter und Maler sorgten dafür, daß die Inseln weiterhin der Inbegriff einer Traumwelt blieben. Doch als dann nach dem 2. Weltkrieg die großen Flugplätze angelegt wurden, begann mit dem einsetzenden Massentourismus die Zerstörung dieses Paradieses. Planmäßig wurde das Wunschobjekt „Südsee" an den Mann gebracht und vermarktet, achtlos alle folgenschweren zivilisatorischen Errungenschaften eingeführt. Ich finde es erstaunlich, daß die Leute trotzdem noch auf ihre Art unnachahmliche Lebenskünstler geblieben sind.

Wehmütiger Abschied

Als ich eines Tages vom Postamt ins Hotel zurückkehrte, erwartete mich eine große Überraschung. Christoph und Marianne, die ich zuletzt in Alice Springs getroffen hatte, waren da.

„Grüezi, jetzt haben wir dich also eingeholt."

Zur Feier des Tages und meines baldigen, nun endgültigen Abschieds beschlossen wir, uns ins Nachtleben von Papeete zu stürzen. Den Tamure-Tanz wollten wir sehen und Südseemusik hören. Da man heute damit natürlich handfeste Geschäfte macht, kommt man nicht umhin, sich eine Kommerz-Show anzuschauen. Mit Gitarren, Bambustrommeln und Rhythmusinstrumenten wird die Begleitmusik für die *vahines* geschlagen, die mit Blumen im Haar, Blütengirlanden um den Hals und dem *pareo*, dem Hüfttuch, eine mitreißende Freude an Bewegung und Musik vermitteln. Beim Tamure bleibt der Oberkörper ganz ruhig, während Becken und Beine rhythmisch zukken. Zuschauer wurden zum Mittanzen aufgefordert, doch der Versuch, das Harmonie- und Rhythmusgefühl der Südseebewohner zu imitieren, scheiterte kläglich.

Am nächsten Tag verabschiedeten sich Christoph und Marianne für eine lange Schiffsfahrt nach der wohl schönsten Insel der Südsee, nach Bora-Bora. Ich hatte mir – mit ein paar anderen Globetrottern – für die letzten Tage Moorea ausgewählt, die Nachbarinsel Tahitis, deren Umrisse man vom Hotel aus gut sehen konnte. Ein

Tanzmädchen auf Tahiti

regelmäßiger Bootsdienst verbindet die beiden Inseln. Nach zweistündiger Überfahrt gingen wir an Land. Während die Trucks die anderen Passagiere auf Gästehäuser und Hotels verteilten, blieben wir so lange sitzen, bis der Fahrer Endstation in seinem Dorf machte. Dann gingen wir noch ein gutes Stück weiter, um die Natur zu genießen.

Nach ungefähr einer Stunde hatten wir ein Plätzchen

Paradiesische Tage auf Moorea

gefunden, das unseren Vorstellungen entsprach: schattige Palmen, die in unregelmäßigen Abständen am Ufer standen und mit ihren grünen Armen winkten, als wollten sie uns herbeirufen. Ein seichter, glasklarer Bach floß plätschernd in die Lagune. Der Strand bestand aus feinem weißen Korallensplit. Durchsichtige kleine Krebse sausten unter unseren Schritten in ihre Löcher. Die Farben, das Licht, die Luft, die nach Kopra und Vanille roch, erzeugten ein Südseefeeling, das wir auf Tahiti schmerzlich vermißt hatten.

„Hier bleiben wir, ein schöner Platz!" schlug einer vor.

Doch so einfach war das nicht. Der Garten Eden ist aufgeteilt. An den Palmen hingen Blechtafeln mit der Aufschrift „privée". Charly, der perfekt Französisch sprach, übernahm die Aufgabe, den Besitzer, dessen Brettervilla tiefer im Palmenwald stand, um die Erlaubnis für unseren Zeltaufbau zu bitten. Bald kam er mit der freudigen Nachricht zurück, daß es uns gestattet war. Ins Zelt packten wir aber nur die Rucksäcke, schlafen kann man bei der Nachtwärme auf Moorea auch im Freien. Dann stürzten wir uns in das glasklare Lagunenwasser, machten

Abschied von der Südsee

Stranderkundigungen und sammelten unser Essen, Bananen und Kokosnüsse. Im Verlauf der Tage wurden wir ein Teil der Natur und fügten uns harmonisch in ihren Ablauf ein. Hier lernten wir wieder, wie wenig der Mensch eigentlich braucht.

Und was bleibt sonst noch von einer Weltreise, die fast ein Jahr gedauert hat, nach Zehntausenden von Kilometern, nach einem Dutzend Länder, in denen man so viel gesehen, gehört und erlebt hat? Eine braune Haut natürlich, eine Menge belichteter Filme, ein vollgeschriebenes Tagebuch, Adressen von neuen Freunden. Aber das ist nicht das Wichtigste. Viel wichtiger sind Dinge, die sich nicht fotografieren, nicht aufschreiben und nicht sagen lassen.

Wie heißt es doch? „Der kürzeste Weg zu sich selbst führt um die Welt herum!"

HELMUT HERMANN

Heiße Tour Afrika

Afrika per Fahrrad – reiner Wahn-
sinn oder das einzig Wahre?
Zehntausend Kilometer durch
Wüste und Urwald, unter glühen-
der Sonne, durch prasselnde
Wolkenbrüche, mit Malaria-Anfäl-
len und Infektionen, haben Helmut Hermann das Letzte abver-
langt. Doch kaum ein anderer hat
Afrika in seiner wilden Schönheit
und Ursprünglichkeit so unverfälscht erlebt wie er.

GEORG KIRNER

Meine Freunde – die Kopfjäger

Undurchdringlichen Dschungel,
reißende Flüsse und steile Fels-
wände überwand Georg Kirner in
seinem unbezähmbaren Drang,
zu den Menschen einer ursprünglichen Welt vorzudringen. Er
freundete sich mit Kopfjägern an,
ging mit Steinzeitmenschen auf
Blasrohrjagd, probierte Affen-
fleisch und gebratene Termiten.
Sein Reisebericht liest sich span-
nender als jeder Kriminalroman.

Weitere Bände in der Reihe

ABENTEUER-REPORT

MIKE JONES

Sturzfahrt vom Everest

Durch Strudel, Schnellen und Schlünde sausen die Boote den *Dudh Kosi* – den Fluß ohne Erbarmen – aus über fünftausend Meter Höhe den Everest hinunter. Diese Sturzfahrt von einhundertdreißig Kilometer Länge durch das gefährlichste Wildwasser der Welt ist eine Herausforderung, der sich noch nie ein Mensch gestellt hat. Aber Mike Jones und seine Expedition haben sie angenommen.

GEORG KIRNER

Ladakh

Als einer der ersten Europäer wagte sich Georg Kirner in das geheimnisvolle Land hinter dem Himalaja, das erst 1974 seine Grenzen wieder öffnete. Er zog mit einer Yak-Karawane über einen 5000 Meter hohen Paß, wurde vom Dalai-Lama empfangen und in der Einsamkeit der Felswüste ausgeraubt. Seine Abenteuer spiegeln die vielen Gesichter dieses Landes wider, dessen Zauber er in zahlreichen Fotos festgehalten hat.

Weitere Bände in der Reihe

ABENTEUER-REPORT

PETER JENKINS

Das andere Amerika

Ein junger Amerikaner, der sein Land zu Fuß kennenlernen will, muß bei seinen Landsleuten als Verrückter und bei der Polizei als Verdächtiger gelten. Aber Peter Jenkins ließ sich nicht beirren. Zusammen mit seinem Hund Cooper machte er eine 3000 km lange Wanderung, auf der er nicht nur Menschen und Landschaften seiner Heimat, sondern auch sich selbst kennenlernte.

EVELYNE COQUET

Kolibris und Krokodile

Faszination und Bedrohung durch eine unbezwingbare Natur erlebten Evelyne Coquet und ihr Mann auf ihrem Ritt durch die Urwälder des Amazonas. Ihre Freude an den neuen Farben, Formen und Gerüchen wich bald der Furcht und Verzweiflung, als der Urwald seinen Tribut forderte. Nur unter Aufbietung all ihrer Kräfte gelang es ihnen, sich aus dieser Hölle zu retten.